更
智慧地
理解
世界

孙勇 著

上海交通大学出版社
SHANGHAI JIAO TONG UNIVERSITY PRESS

内容提要

逻辑在生活中很重要，但是很多人会以为逻辑学太难学。事实上，逻辑学在生活中的应用并不是很难，而这种应用也不需要逻辑学的"公式"，是需要我们严谨的思维。本书以日常生活和历史事件中常见现象为题，发掘涉及这些常见现象背后的有趣问题，揭示这些现象所涉及的谬误，以此生动说明逻辑学常用的方法，如概念辨析、有效类推、预设意义等，并且在此基础上理解真、假，以及真诚、虚伪、谦虚等概念的逻辑意义。

本书介绍的逻辑方法不同于传统逻辑学方法，对思维中的思辨性具有较高要求，可读性强，有利于培养一个人严密思维的能力，建立有效分析问题的框架，从而在面对复杂社会现象的时候，具有独立思考的能力。

图书在版编目（CIP）数据

更智慧地理解世界 / 孙勇著 . —上海：上海交通
大学出版社，2023.7
（智识系列）
ISBN 978-7-313-25429-0

Ⅰ.①更… Ⅱ.①孙… Ⅲ.①逻辑学 Ⅳ.①B81

中国版本图书馆CIP数据核字（2021）第186601号

更智慧地理解世界
GENG ZHIHUI DE LIJIE SHIJIE

著　者：孙　勇				
出版发行：上海交通大学出版社		地　　址：上海市番禺路951号	
邮政编码：200030		电　　话：021-64071208	
印　　制：上海新艺印刷有限公司		经　　销：全国新华书店	
开　　本：880mm×1230mm　1/32		印　　张：6.125	
字　　数：126千字			
版　　次：2023年7月第1版		印　　次：2023年7月第1次印刷	
书　　号：ISBN 978-7-313-25429-0			
定　　价：52.00元			

前言
逻辑，让我们更智慧地认识世界

　　"逻辑"这个词取自于英文"logic"的音译。现在国家一些重要的考试，如管理类研究生入学考试、公务员考试等都要考查逻辑知识，这使逻辑学变得重要起来。而在日常生活中，经常会有人指责对方"你怎么不讲逻辑呢？"或者"你这是什么逻辑？！"于是，"逻辑"在中国一下子变成了常用词。但是，逻辑到底是什么呢？恐怕没有多少人能够简单地说清楚。作为一门学科，逻辑学更是让人望而生畏。人们总觉得逻辑学是一门"高大上"的深奥学问，其中暗藏玄机。其实事实上并非如此。

　　那么，逻辑和逻辑学是什么呢？简单而言，逻辑就是人们彼此对话、交流、沟通和理解的规则。人类作为一种社会性物种，所有的社会行为①都有相应的规则：走路、开车等交通行为有交通规则；交易、投资等商业行为有商业规则；同样，人们相互之间

---

① 社会行为是指与其他人发生联系的行为，这是与"个人行为"相对的概念。不存在绝对的个人行为和社会行为。例如，自己在家吃饭如果是个人行为，那么到餐馆用餐就是社会行为。

交流、沟通也有规则，这个规则就是逻辑，对逻辑进行研究所形成的一套理论就是逻辑学。

一个人除了自言自语，一般来说，口头语言都是在与其他个体进行交流，交流的目的无外乎是个体之间的沟通和理解；写文章、写书等所使用的书面语言，也是与不特定读者进行交流和沟通。当然，一个人可以写仅给自己看的文章，与自己对话（如写日记，尽管很多人在写日记的时候事实上在想象着其他人看到自己日记时的反应），这时候也许可以不用过分强调逻辑，但这会产生一个麻烦，即过了一段时间后，写作者自己也读不懂当时到底写了什么。所以，从语言的目的——交流和沟通上说，任何口头和书面语言都必须遵循逻辑，否则便不能达到交流双方之间相互交流、沟通和理解的目的。当对话中的一方逻辑混乱时，另一方将不明所以，无法理解对方说话的目的或者意义。例如昨天在电梯中，我的一位同事和我有下面的对话：

我：如果今天的全院大会是本学期最后一次会议的话，学院领导应当都会参加。

同事：最近梅雨季节，全院大会也没有什么事情，能不开就应当不开。

我（没有理解对方具体含义，仅当作对方在抱怨会议太多）：……

同事：不过领导们也够忙的，三天两头开会，既要去学校里参加校长召集的会，又要召集学院里老师们来开会。

我（理解对方在赞扬领导，大概是希望我不要误会他在说领导坏话):是啊,领导们既要忙教学、科研,还要有这么多行政工作,确实很辛苦的。

同事:领导辛苦?!切,你又不是领导,你怎么知道他们不是很享受这种辛苦?

我(完全无法理解对方说话的目的,因此不能理解其言语的具体含义,但又不能完全没有回应,只好)……呵呵,是啊……

我相信读到这里的每一位读者可能都有类似的遭遇:与一个人说话,他的语言和思路是"缥缈"的,让人"目不暇接"。在与此人的对话过程中,我们无法把握他说话的目的和语言的具体含义,这不是因为他说话太快,即使将他说的话写出来,我们慢慢地读,也无法理解他在说什么,想表达什么……我们一方面茫然于其不着边际的思路,另一方面内心深处一般总会有以下暗暗评价:这家伙思维混乱,毫无逻辑!当然,如果你从来没有过上述遭遇,那么你更需要反思,因为很可能你就经常被人如此暗暗评价着。

既然是人们沟通与交流的规则,那么逻辑有哪些规则呢?逻辑学教科书和逻辑专业理论书籍从不同层次和角度说明了逻辑规则。在这些书中,逻辑规则被抽象地以"逻辑公式"或者"逻辑定理"表述出来,让所有非逻辑专业的人们望而生畏,即使读了,也不明白这些规则在日常生活人们的交流、沟通和理解中有什么用处。非逻辑专业的人们希望知道的不仅仅是抽象的逻辑公式或规则,他们更希望知道的是这些逻辑规则在日常生活中到底有哪些用处。本书正是基于这一目的而写作,这既不是逻辑教科书,也不是逻辑专业理论。本书通过一个个实际生活场景和具体的故事来说明抽象逻辑规则在日常生活中的应用。

逻辑学包括传统形式逻辑和现代数理逻辑两大门类，尽管在这两大门类以外有各种逻辑学分类，如辩证逻辑、法律逻辑等，这些逻辑分类也只是传统和现代逻辑在一些具体学科领域的应用。本书介绍的逻辑规则是传统形式逻辑的规则，包括形式逻辑中所涉及的概念、命题、推理和论证等内容。但与传统形式逻辑不同之处在于，本书所涉及的一些内容是传统的形式逻辑所没有或者忽略的，如将命题的真假作为研究的重点，从中讨论说真话、说假话的含义；将命题分为事实、因果和规范三种层次，说明三种不同层次命题之间的相互关系。尤其值得一提的是，本书各篇对逻辑规则讲解的目的不是在介绍、证明规则，而是通过对一些日常生活现象或者历史上耳熟能详的故事的分析，说明逻辑规则是什么，怎么应用；同时也说明在彼此的交流和沟通过程中，如果违反逻辑规则，会带来哪些令人不舒服的后果。

本书不是严格的逻辑学教材，所以各篇是独立的，不存在严格的前后知识体系。尽管如此，全书的篇幅依然涵盖传统的形式逻辑两个主要部分：概念和命题。

在概念这部分内容中，逻辑规则要求我们使用准确和明确的概念，注意："准确"和"明确"是存在区别的！有时候概念是"准确的"，但无法"明确"。这不仅涉及"准确"和"明确"的具体要求，还涉及集合和非集合概念的不同理解。读者可以在"从使用简单的概念开始讲逻辑""大学教育是为了获得文凭还是提升能力？""叶公好龙——'喜欢'的逻辑分析""不能随便请人'自重'"等篇章中，读到细致的讨论并思考有趣的答案。

传统形式逻辑将命题的真假作为外在的条件：假设某一命题 p 为真或命题 q 为假，并不讨论"真"和"假"的逻辑含义。这实际上是一种"不切实际的简化"：在日常生活的交流和沟通过程中，判别一个人所说的话是真是假实在太重要了！因此，"真话"和"假话"是本书重点关心的两个核心概念。基于这两个概念的分析，本书将命题分为"事实""因果"和"价值"三个不同层面的命题，并说明三种命题在真假上的特点及其相互关系，这些都是传统形式逻辑所忽略的内容，读者可以在"为什么贵校的学费今年又涨价了？""原因再多也不能改变事实"等篇章中理解这些传统形式逻辑中没有的内容。

命题这部分内容（又称"判断"）是传统逻辑的重点，也是本书的重点。

关于事实命题，"真"和"假"是本书的兴趣所在，尽管命题的真假在传统形式逻辑中作为外部给定条件（即"假设为真"或者"假设为假"）一般不进行深入分析。在"徐福海外寻仙真的是欺骗秦始皇吗？"等篇章中，读者会发现，"真""假"在逻辑上不像我们判别"1+1=2 是真的"那样简单。"这是真话"和"人们知道这是真话"存在逻辑上的区别，所以，人们有时候会真诚地说假话，也会虚伪地说真话，由此，从逻辑上来说，苏格拉底的智慧① 非常重要，可以说这是人独立思考的基本要求。当

---

① 苏格拉底的智慧可以概括为一句话就是"我知道我不知道"。人们自以为知道、相信生活中的各种"常识"，缺乏怀疑精神等都是缺乏这种智慧的表现。

一个人具有独立思考能力时，他便能对自己深信的东西、对生活中的"常识"保持高度的怀疑，时时提醒自己，认识中总可能存在疏漏，这种独立思考能力在本书中被定义为"谦虚"。于是，"说真话""说假话""真诚""虚伪""谦虚"等这些日常生活中常见的概念，在本书中都是具有严格逻辑定义的概念，这些概念的逻辑定义既不脱离日常生活的常识，又比日常生活的常识严密。读者可以在"适当喝一些葡萄酒到底对健康好不好呢？""为什么有时候人们会'真诚地说假话'"等篇章中读到并理解以下逻辑结论：不是每一件事情人们都能辨明真假，很多时候，人们是以"普遍的共同感知"来辨析真相，由于"普遍的共同感知"并非客观现实，而且容易被他人操纵，所以说保持独立思考能力对一个人是多么的重要。命题的真假尽管是逻辑研究的重点，但现实生活中，人们对于真话、假话的认识和理解比逻辑研究更丰富而且有趣，读者会在"有时候'说真话'比'说假话'更具有欺骗性""如何有效地判别一个人是否真诚"等篇章中感受到这一点。

关于因果命题，不同于传统形式逻辑重点研究探寻因果关系的方法，本书重点思考"因果关系"的"逻辑有效性"和"复杂性"，这部分内容涉及但不仅限于传统逻辑中的"论证"。现在社会，科学令人崇拜，但是"科学"到底是什么？它与一般意义的理论有什么区别？这些问题，在"不要陷在'无限真理'中不可自拔""理解宏观命题的价值比辨析真假等重要"等篇章中会得到具体说明。通过阅读这些篇章，读者会进一步理解，事实、因果和价值三种命题在逻辑上的区别和联系,了解"事实"和"价值"在"因果有效性"上的影响。通过阅读"一叶能知秋吗?""现实世界,不存在单纯的因果关系"等篇章,读者将能认识到,发掘因果关系在逻辑上的严格要求,从而能够理解因果关系的复杂性。

关于规范命题,尽管传统形式逻辑在规范命题上主要从形式上讨论"允许""禁止"等不同命题的含义和关系,并不涉及这些规范命题在人们现实生活中的具体情况,但后者却是本书另一个兴趣所在。读者在"靠右还是靠左行驶更好"等篇章中可以从逻辑上理解如何更好地遵循社会规范。

这一本书的基本宗旨是通过逻辑规则来分析现实生活与历史中的常见现象,它的目的不是在讲解或者证明逻辑规则或理论,而是通过逻辑规则在日常生活中的应用来说明这些规则的要求。因此,本书不具有传统逻辑学严密的结构,在概念、事实、因果、规范的大致框架下,篇与篇之间的内容是独立的,讨论的主体也不仅仅局限在传统逻辑的既定范围中。

尽管书中每一篇都具有独立性,但这并不妨碍本书作为整体具有系统性,这种系统性体现在另一个层面上,即本书每一篇中都对生活或者历史事件中人们熟视无睹、耳熟能详的"常识"或者"真理"进行了分析,这种分析都一以贯之地表达了以下逻辑基本要求:认识自己的无知,保持自己对所有"常识"和"真理"的怀疑!

最后,衷心祝愿每一位读者都能从本书的阅读中得到乐趣并且有所收益,从而能更智慧地认识世界!

目 录

1
从使用简单的概念开始讲逻辑

从逻辑学的角度来说，概念具有内涵和外延两个特征，内涵是指概念的本质特征，而外延则是指概念所包含的对象。一个概念只有具备准确且明确的内涵，才会有确定的外延，否则会出现逻辑上的混乱。

为了避免概念混乱，有一个基本的逻辑规则：使用"准确"并且"尽可能明确"的概念。"准确的"概念和"明确的"概念是不同的，前者要求所使用的概念正确，没有错误；后者要求使用的概念具有清晰、不模糊的含义。两者相比，后者的要求更难一些，所以必须使用准确的概念，尽可能使用明确的概念。

使用准确的概念是指使用概念的含义正确，没有表述成其他错误的概念。概念是语言的基本单位，也就是语文中所说的"词语"（下文中，"词语"和"概念"是同义词），每个词语都有其具体的含义，要想做到词语使用准确，使用者首先需要理解所使用词语的具体含义，这既是逻辑正确的保障，更是一个人的语言修养、人文素质的体现。我楼下住着一位韩国邻居，有一次我在电梯遇见她，笑着对她说"你好"，她下电梯前向我挥手说"久仰"！我理解她是在向我道别，但因为汉语使用不熟练而闹了笑话。但是，有些人闹的笑话不是因为使用语言不熟练，而是某种程度的不懂装懂。

前段时间法国巴黎圣母院遭遇大火，一些建筑被焚毁，有人用一张静穆的图片对此表示哀悼，并附以下文字：

今天，我们都是阿莫西林，都在为巴黎圣母院流泪。

这位朋友对巴黎圣母院表达哀悼之情是好的，但是如果不清楚雨果在《巴黎圣母院》一书中的敲钟人叫"卡西莫多"，他就应当先查一查再写。当然写这段话的朋友也肯定不知道"阿莫西林"是一种西药的名字，这与我女儿小时候告诉我世界最高峰是"珠穆牙雅峰"是类似的。她以为舌头打个卷，便能将"珠穆朗玛峰"糊弄过去，当我再问她世界最高峰是什么时，她便不好意思，只好承认自己事实上不能准确地说出那座山峰的确切名称了。

我们经常会对常见的词语一带而过，但其实有可能对其准确涵义一知半解，仅会照葫芦画瓢地使用这些词语。我认识一位从事声乐工作的朋友，当她在朋友圈发文请朋友们去"聆听"她的音乐会时，我便知道她不太清楚"聆听"这个词的具体含义，也许她受到广播电台的影响，因为其中的主持人就经常请听众去"聆听"节目。除此之外，我有一位表姐一直称呼我"愚弟"，并且认为这样称呼我是其有文化的表现。

中国的文字、词语太复杂了，我们确实很难掌握每一个词语的准确含义，但是，这并不表示可以不用遵循使用准确概念这一逻辑规则。事实上，一个人只要尽可能使用简单的、自己能够完全理解其含义的词语就足够了。这样做，既有利于自己遵循基本的逻辑规则，也有利于彼此的沟通与交流。既然使用简单、易懂的概念有利于概念的准确使用，并且有利于彼此交流，那么为什么有人一定要使用那些复杂深奥以至于使人听不懂的词语呢？这可能出于两个原因：

一个原因是简单的词语无法方便或者准确地表达复杂的含义，而为了能方便或者准确地表达，就不得不使用专业而复杂的概念。如果沟通、交流者们都非常熟悉相关专业，使用专业词语进行交流比使用简单词语交流更有效。例如，在经济学中，为了说明一种商品的数量变化对其销售收益和生产成本的影响，使用"边际"一词就非常方便。与懂经济学的人谈"一个人钱越多往往就会更关注钱以外的东西，因为对他来说，钱的边际效用下降"就很容易被理解，但是一个不懂"边际"为何意的人，当他看到这句话，可能会不明所以。对于一名在外资企业工作的员工，由于和他一起工作的同事有很多是外籍员工，使用外语表达某些概念属于习惯成自然的行为，有时汉语交流中会夹杂着英语单词，这种做法实际上是为了方便。

另一个原因可能是出于虚荣，通过说出让别人听不懂的词以体现自己某种高超的专业水平或者不同寻常的格调；或者就是自认为懂，说一些自己也不完全理解的术语吓唬其他人。基于这种原因使用复杂深奥的词语，往往既不必要也不准确。就像我当年初次接触管理学时，一位年轻的管理学助教给我们这些新生大谈激励和保健因素。现在想来，这位年轻的助教很可能对这两个概念也并没有完全理解，如果他当时能将"激励"简单地说成"奖金"，把"保健"解释为"保底工资"，就能更有助于我们这些初学者理解这两个概念。

为了做到准确使用概念，我们除了尽可能使用简单的词语以外，还需要具备敏锐的自我意识，在遇到自己不太理解的词语时不能蒙混过关、轻易放过，而要时时学习，真正理解这些词语所具有的准确含义，这事实上就是一种学无止境的心态。就像前段时间，一个学生拿她所作的一篇论文给我看，其中出现"自保公司"这个概念，为此我和她有以下对话：

问：自保公司是什么意思？

答：就是保险公司。

问：但是为什么叫自保公司，而不是保险公司呢？以前我也没有看到过把保险公司叫作自保公司的。自保公司也肯定不是保险公司的名字，像平安保险公司。

答：就是保险公司。因为向它们投保，所以是保险公司。

问：但是自保公司与保险公司肯定是有区别的吧？你把两者的区别先搞清楚，这与整篇论文的相关结论应当说是有联系的。

答：好吧。我去查一查。哦，原来自保公司是集团公司自己的下属保险公司……

这个学生通过理解自保公司的确切含义,更清晰地理解了整篇论文中所涉及的主体之间的关系。但我相信,她更多学到的应当是这种敏锐性,即不能想当然地认为一个第一次见到的概念,对于其含义的自我猜测是完全正确的。

比起使用准确的概念,逻辑规则还有一个更高的要求,即使用明确的概念。由于这个要求更高,所以只能是"尽可能使用",而很难做到"完全使用"。为什么呢?因为不管使用者是否意识到这一点,现实生活中的很多概念本身就不明确、很模糊。

逻辑上讲,概念要有明确的内涵(本质特征),这样才能有确定的外延(所指对象)。例如,"偶数"这一概念的内涵是指"能被 2 整除的整数",外延包括 0,2,4,…概念明确是指它有确定的内涵和外延;如果概念不明确,它的内涵便是模糊的,它的外延也就不明所指。比如"漂亮",其内涵是什么呢?也许每个人对"漂亮"都有自己的理解,其中涉及的内容可能包括眼睛大不大、皮肤白不白、身高如何、牙齿是否整齐等,但是,不同的人对"漂亮"的具体看法是不同的,由此便引起外延上的不同:有些人认为肤白为美,另外一些人则认为小麦色的皮肤最好看;有些人以瘦为美,但是胖子在另外一些人看来却更漂亮。一个人眼中的美人在另一个人看来,可能是一般甚至偏丑,这是每个人对"漂亮"内涵具有不同的看法造成的。正是因为"漂亮"不具有普遍的、公认的内涵,所以"漂亮"便是没有明确含义的概念,使用这些不具有明确含义的概念去争论,即使争论有输赢，也没有逻辑意义。

既然这些概念没有明确的含义，为什么逻辑规则不杜绝使用这些概念呢？逻辑规则并没有像"使用准确的概念"那样也要求"使用明确的概念"，而只是要求"尽可能使用明确的概念"，这又是为什么呢？换句话说，既然这些概念含义模糊，为什么逻辑上却允许使用呢？

使用不明确概念的一个原因是我们对世界的认识还没有精确，于是只好使用模糊、不明确的概念，这是一种不得已而为之的做法。例如，我也不知道明天是否下雨，我只好说"明天可能下雨吧"。虽然我不知道这块牛肉精确的营养成分，但是很好吃，于是我只能简单地评论，"这块牛肉蛮好吃的"。我确实觉得前面的女孩很好看，尽管我不知道"漂亮"的明确定义，但是我也可以向别人说出我的看法——前面的女孩很漂亮。不精确的认识导致不明确概念的使用，尽管这属于不得已的做法，但使用者必须意识到这一点，从而避免没有逻辑意义的争论。

使用不明确概念的另一个可能原因则是对话者有意使用，其目的是避免给出明确的结论，或者是使人误解。我曾与物业公司的服务人员（以下简称"物业"）有以下对话：

我：我们家下水道下水不畅，请管道工上门疏通。

物业：好的，报修收到。我会通知师傅的。

我：您通知师傅后，他什么时候能上门维修？

物业：师傅现在正忙，他忙完后自然会上门的。

我：他什么时候能忙完呢？现在上午10点，中午前能忙完吧？

物业：中午前应该能忙完的。

我：中午前应该能忙完，是不是就是能忙完？忙完后他是不是立即能来？他具体什么时间能来？

物业：应该在下午吧。

我：下午具体几点呢？我不能一直在家等着，您告诉我师傅上门具体的时间。

物业：嗯，1点到1点半之间。

我终于在最后得到了我想要的确定结果。

使用不明确的概念会使人误解，这是欺诈甚至诈骗中常用的手法。我曾经接到一个自称证券公司客服人员的人打来的电话：

对方：是孙先生吗？我是某证券公司客服。本公司为了回馈广大客户，特邀请你加入某股友交流群，每天上午9点准时提供三只牛股，跑赢大盘。

我：牛股？一定能赚钱吗？

对方：当然了，每天至少4%以上涨幅。

我：但是，当天什么时候买呢？就算买了后涨4%，当天又不能卖，第二天还能有4%的收益吗？

对方：当然啦，总归能让你盈利了。

我：具体怎么让我盈利呢？今天就算买了你推荐的牛股涨了4%，但是明天一开盘，这只股票下跌10%，怎么办？

对方：不会的，加入我们股友交流群的人，大多数都赚钱了。

我：有多少人加入你们的股友交流群？大多数人赚钱具体是

百分之多少的人赚钱？我就算加入，怎么才能成为大多数？

对方：孙先生，你问这么多还怎么赚钱？炒股就是要快，不能多想，一犹豫就没有机会了。

我：我不犹豫，但具体怎样保证赚钱？你能不能再详细一些？

电话挂断了。我最后也不理解，"加入炒股交流群"和牛股、赚钱等是如何有效联系起来的。当然，我完全理解这种电话带有的欺诈或者诈骗性质，我只是好奇这些云里雾里的模糊概念是怎样让一些人上当受骗的，为什么这些上当受骗的人在面对模棱两可的概念时不能显得"有智慧"一些呢？

遵循逻辑学的基本规则，使用准确的概念并且尽可能使用明确的概念，一方面要求自己在与别人沟通交流时，用词准确，不使用自己不懂的，或者模棱两可、含义模糊的概念；另一方面也要求自己保持清醒，警惕别人所使用的模糊概念，不管对方是否在忽悠自己，别不懂装懂，更不要想当然地去解释那些自己不理解的概念，时刻保持一颗对未知充分学习的心，这就能使自己在面对纷繁复杂的大千世界时更加清醒。很久以前苏格拉底就告诉我们，智慧就是知道自己在某件事情上并没有真正知道！而对于概念，很多时候，一个人使用简单的概念，并对简单的概念保持谨慎，这就是一种智慧。

---------------------------- **本篇小结** ----------------------------

（1）逻辑学告诉我们要使用准确的概念和尽可能使用明确的概念。

（2）使用准确的概念是指使用概念的含义正确，没有表述成其他错误的概念。为了遵循这一规则，使用者必须理解所使用词语的确切含义，不能不懂装懂，尽可能使用简单的、自己完全掌握其含义的概念。

（3）尽可能使用明确的概念，是指所使用的概念具有明确的内涵和外延，由于使用明确的概念很难百分百做到，所以逻辑上并不要求使用完全或者绝对明确的概念。

（4）不明确的概念之所以会使用的原因有两种：由于对世界认识还不能精确，所以不得不使用内涵不明确的概念；有意使用内涵不明确的概念，有可能是为了避免给出明确的结论，也有可能是为了有意使人误解。

（5）掌握逻辑基本规则既要求我们用词准确、明确，也可以使我们清醒、自知，不要不懂装懂，智慧就是知道自己在某件事情上并不是真正知道。

2

不能随便请人"自重"

　　为了做到准确且尽可能明确地使用概念，我们必须对所使用词语的含义具有清晰的理解。很多人认为词语用法属于日常生活中的"琐事"，或者属于语文或者文学方面的内容，经常会以"我语文不太好"作为托词而拒绝遵循这一逻辑要求。但是，显而易见的是，日常生活离不开逻辑，语文不好、词不达意本身就是逻辑混乱的体现。在日常生活中，概念是以词语来表达，这就需要说话者首先要掌握词语的含义。一个人词语贫乏不要紧，只要表达准确便对彼此交流没有阻碍，但是用词混乱、表达模糊便很难做到互相理解。词语所具有的含义是公认的，不能以自己想当然的理解来使用词语。"用词不当"可能会造成很多严重的后果。

　　有两位异性朋友甲和乙，他们关系很好。甲给乙写信，嘘寒问暖后，在信的结尾处写道：

"就此停笔，很快进入春天，万物复苏，疾病流行，望君
自重。"

乙收到信以后，尽管理解甲最后一句"望君自重"想表达的
意思，但却有如鲠在喉之感，因为"自重"一词不能简单理解为
"自己保重"这一含义。

类似的故事据说也发生在文学大师苏东坡身上。苏东坡被贬
官来到岭南后，除了写下"日啖荔枝三百颗，不辞长作岭南人"
的诗句，还为当地的一位诗人改诗，结果闹出了笑话。当地诗人
写道：

明月当空叫，黄犬卧花心。

东坡先生想，"明月"怎么能"叫"呢？"黄犬"那么大，什
么花的"心"能被它卧呢？于是，东坡先生将以上两句诗改为：

明月当空照，黄犬卧花荫。

东坡先生不知道的是，当地诗人所写诗中的"明月"不是指
月亮，而是当地一种鸟的名字，而"黄犬"也不是黄狗，而是一
种类似于瓢虫大小的昆虫的名字。东坡先生因为不理解这些词语
在当地的用法而闹了笑话。

当然，东坡先生作为大文学家闹笑话是因为他初来岭南，不
知道"明月""黄犬"这些词语在当地的特殊含义，情有可原。但
是下面某高等学府的校长在致欢迎辞时的说法就很难让人原谅了。

校长说："七月流火，但是充满热情的岂止是天气。"

表面看来，校长说的话没什么大的问题，但是校长将"七月
流火"与后面一句连起来说就有问题了。校长显然将"七月流火"

的含义理解为"七月是非常炎热的月份",这与"七月流火"的真正含义①是不相符的,他因为不理解"七月流火"的确切含义而闹笑话了!

那么,可不可以这样认为:校长对传统词语的用法给予了合乎时代的创新?或者说校长对旧词语这种用法另含深意。这种解释在中国历史上相当多。例如,某一位大人物写错了字,不敢说是大人物错了,而把大人物写的错字解释为"通假字"或者说其另有深意。

据说当年康熙皇帝游玩避暑山庄,颇有好感,便让人准备笔墨为其题字,可是却把"避"字多写了一横,大臣看到,却不敢明说。康熙本人自然也没发现,匠人也不敢更改,于是这个错别字一直就挂在热河避暑山庄。但是史料对此记载所给予的解释是:康熙皇帝在写"避"的时候特意加了一笔,因为他认为:"此是避暑之避,不是避难之避"。皇上是忌讳"避"字有"逃避"的意思,不吉利,所以大笔一挥加上一横,这样就没有"逃避"之意了。

皇上偶尔并且无意写错了字,上述"另有深意"的解释逻辑上也行得通,尽管最为合理的解释应当是皇上不小心写错了字。

为了避免"无意"地使用错误的概念,或者避免"用词不当"而造成的概念使用不准确,说话者对所使用的词语必须高度谨慎,

---

① "七月流火"源自《诗经·国风·豳风》中的"七月流火,九月授衣"。含义是"农历七月天气转凉的时节,天刚黑的时候,可以看见大火星从西方落下去",这一句的意思应该是"天气变凉了"。

对于不太有把握的词语一定不能望文生义，要细致地掌握词语的确切含义，这既是一个人人文素养的体现，也是基本的逻辑要求。同时，对于一些人"玩弄词语"的行为，人们也要具有辨识的能力。

一个概念具有准确而明确的内涵和外延，这种内涵和外延是约定俗成、公认的。有意地抛弃这种公认的内涵，赋予概念特殊的含义，这就是"玩弄词语"。在现实生活中，通过"玩弄词语"，一些人可以达到自己的特殊目的。历史上，"玩弄词语"最著名的例子是宋玉的"登徒子好色赋"。

大夫登徒子侍于楚王，短宋玉曰："玉为人体貌闲丽，口多微辞，又性好色。愿王勿与出入后宫。"王以登徒子之言问宋玉。玉曰："体貌闲丽，所受于天也；口多微辞，所学于师也；至于好色，臣无有也。"王曰："子不好色，亦有说乎？有说则止，无说则退。"玉曰："天下之佳人莫若楚国，楚国之丽者莫若臣里，臣里之美者莫若臣东家之子。东家之子，增之一分则太长，减之一分则太短；著粉则太白，施朱则太赤，眉如翠羽，肌如白雪；腰如束素，齿如含贝；嫣然一笑，惑阳城，迷下蔡。然此女登墙窥臣三年，至今未许也。登徒子则不然：其妻蓬头挛耳，龂唇历齿，旁行踽偻，又疥且痔。登徒子悦之，使有五子。王孰察之，谁为好色者矣。"

……

宋玉为了驳斥登徒子的指控，反诬登徒子是"好色之徒"。他在这段文章中将"好色之徒"解释为"喜欢异性的人"，这种解释抛弃了"好色之徒"公认内涵，属于典型的"玩弄词语"。

现实生活中，一些人"玩弄词语"一般是为了吸引眼球或者表现一种与众不同的语言风格，具体有以下两种形式：或者创造一个新词语替代已有词语，或者创造性地对老词语赋予以往所没有的含义。这些"玩弄词语"者可能属于某一特殊群体，他们期望以此表现自己的个性，例如年轻人在语言表达方面希望与众不同，尤其希望与他们的长辈有所区别，于是他们通过"玩弄词语"来体现这一点，这种"玩弄词语"可以理解为特殊人群希望获得群体个性的一种行为。

这种"玩弄词语"在社会生活中会造成一种理解上的断裂——年轻人与老年人所说的是同一件事情或者同一对象，但是使用的却是不同的词语，于是产生交流与沟通上的障碍。例如：

甲：张三是您的学生吧？他的事业发展很好。

乙：事业发展很好？他做了什么经天纬地的大事业？

甲：事业发展很好就是工作状况很好，他现在是项目负责人。

乙：项目负责人？这是什么工作。

甲：就是在一个工程中，张三具体负责其中的一部分。这部分工作他一个人当然完不成，需要找很多合适的人一起完成。对此，他需要负责招聘、分工、协调、管理、监督……

乙：是不是就是包工头？

甲：您说的怎么这么土……

另外一些人的目的在于对同一件事情或者相同的结果给予不同的评价，使被评价者获得不同的评价结果。例如下面笑话中老师对不同学生的评价这样的：

张老师的班级有一位学生，是某领导的儿子。这位学生每年成绩都是倒数第一，而且经常与人打架。但是为了不得罪领导，张老师对该生写了这种评语："该生成绩稳定，动手能力强"。而对于另一位他不喜欢的学生，尽管这位学生的成绩每年都是第一名，张老师的评价是："该生不具有谦虚精神，成绩多年以来没有进步。"

回到本篇开始，"自重"具有公认的含义和用法，一个人如果无意地劝别人"自重"，说明其自身在用词方面的"不自重"；而一个人若有意地劝别人"自重"，并且将其解释为"自我保重"的话，这种行为说明使用者自己真正的"不自重"了！

-------------------------------- **本 篇 小 结** --------------------------------

（1）为了做到准确和尽可能明确使用概念，必须真正理解所使用的词语，很多逻辑问题的产生源于词语使用不当，而词语使用不当的原因很可能是对所使用词语的含义没有真正理解。

（2）词语具有公认的含义和用法，必须以此基础来理解和使用词语。

（3）要避免无意使用错误的词语，对于不太理解的词语一定不能望文生义，要细致地掌握词语的确切含义，这既是一个人人文素养的体现，也是基本的逻辑要求。同时，对于一些人"玩弄词语"，在逻辑上也要具有辨识的能力。

（4）"玩弄词语"是有意地抛弃概念公认的内涵，赋予概念特殊的含义。"玩弄语词"者或者为了获得与众不同的群体特点，或者为了对同一行为给予不同的评价。

3

大学教育是为了获得文凭还是提升能力①？

前几天一位大学三年级的在读学生想退学，他的父母很着急，尽管多次与儿子沟通，但对话很不顺利。儿子认为父母没有读过大学，根本不了解大学的学习和生活，与他们对话是对牛弹琴。于是，孩子的父母希望我能与他们的儿子交流一下，打消退学的念头，毕竟我从高中毕业至今，三十多年一直都在大学里。他们认为我对大学的学习和生活应当有所了解，与他们儿子谈话更有说服力。

于是有了我和这位大学三年级学生的以下对话。

学生：难道你不觉得读大学是浪费时间吗？从学习知识、提升能力上来说，即使有些科目的学习可以获得某些知识，但是这些知识事实上与实际生活完全无关，别说大学里的这些知识了，

---

① 在这一篇中，"能力"这一概念与"文化""技能""知识"等属于相同的一类概念；文凭、证书等属于另一类相同的概念。一个人"有能力"属于内在的特点，一个人"有文凭"属于外在的特点。

即使高中阶段学习的一些知识，像三角函数，除了在考试中有用，在实际生活中又有什么用处呢？学这些实际生活中几乎没有用的东西，并且花费很多时间，难道不是在浪费生命吗？

我：你所说的没有用，是指在实际生活中大部分时候没有用，但是不排除从事一些专业性的工作的情况，例如搞建筑设计，像三角函数这些知识应当还是有用的。

学生：这个我承认。但是，即使建筑设计中用到的三角函数知识，也非常简单，根本不必花那么多时间去学习、解答如此复杂的三角函数试题，那些耗时费力地学习应该说只是为了应付考试——在考试中获得高分，并没有其他用处。当然，你可能会说在这个学习过程中，逻辑思维能力或者其他思维能力的提高，这是很多人告诉过我的。但是，这种逻辑思维或者其他思维能力的提高完全可以通过其他更有效、更有趣的途径来获得，比如打游戏，这个你也承认吧？

我：我完全同意你说的。打游戏对一个人逻辑思维、归纳能力、手眼协调等所能给予的训练确实很大，训练过程也更有趣。但是当前社会条件下，打游戏不能使你获得文凭呀！

学生：啊？我真没有想到老师你会这样说！难道接受大学教育的目的就是为了获得文凭？

我：不是吗？尽管获得文凭不是接受大学教育的唯一目的，但是肯定是重要并且不可或缺的目的！

学生：但是大学教育或者教育不是"传道、授业、解惑吗"？难道接受教育的目的不是为了获取知识、提升能力而是为了获得文凭？换句话说，一个人如果不需要文凭，难道就不接受教育了吗？难道获得文凭比获取知识、提升能力更重要？

我：学生接受教育从而获取知识、提升能力，这与获得文凭一般不冲突。但如果两者存在冲突，那么一个人接受教育的目的应当首先是获得文凭，在这个前提下，再努力获取知识、提升能力。所以，一些基础或者专业知识，即使在现实生活中没有用处，但是如果这些知识的学习、考试是获得文凭所必需的，那么，从获得文凭这一目的上说，学习、考试就是有用的，不能认为这一过程是浪费时间。

学生：仅仅就是为了获得文凭而学习那些没有实际用处的知识，还说这不是浪费时间，我不能接受。老师，你有没有听过"内卷"这个词？

我：我当然知道你说的"内卷"。我知道你的想法，也就是教育应当使人能力提升，而不是仅获得文凭。你也希望自己是个有能力的人，所以不想浪费时间追求文凭。但是问题在于，如果你没有文凭，我凭什么认为你有能力呢？

学生："能力"和"文凭"总是两回事吧。一个人有能力是内在的，文凭只不过就是一张证书。一个人有能力未必有文凭，而一个人就算是有文凭也未必有能力。这样说吧，有能力就像有武功，就算一个武林高手没有"少林寺大学"的文凭，但是一上擂台，立即就知道他的厉害。

我：将有能力比作武功有些牵强，因为现代社会是一个合作的社会，任何工作都必须通过与其他人分工合作、共同劳动才能完成，一个人再有能力也不可能像武林高手那样一招制敌。那其他人又怎么看出你是有能力的人呢？古时候大部分人不识字，所以"腹有诗书气自华"可以用来区别文盲和读书人，但是现代社会很难以此来识别有能力的人。当其他人看不出你有能力，便不会与你有合作，你连展示自己能力的机会都没有……国际知名企业、大公司每年都会招聘，很多顶尖人物每年也都在寻找优秀的合伙人，在千万候选者中，每名候选者都宣称自己有能力，这些大公司和顶尖人物他们又会相信谁呢？

学生：这个……，我会向他们展示我的能力。

我：你的回答没有解决问题。每一位候选者都希望能向他们展示自己的能力，他们哪里有时间看这么多人展示？于是，只能先选择一些重点候选人，他们如何选择？

学生：……

我：其实很简单。就像进入超市，面对琳琅满目的商品，你如何选择？是不是首先选择有"优质证书"或者获得"国家金奖"的？尽管这些证书、金奖与商品的质量不一定一一对应，但是它为你提供了一个选择的信号：这种商品有证书，所以，它质量好的可能性更大，尽管它未必一定质量最好。是不是？

学生：你的意思，文凭也是一种信号？

我：是的。你说"能力"和"文凭"不是一回事情。我却认为，从逻辑上说"能力"这个概念内涵即使是确定的，但却是"内在"的，很难证明，这就需要有"外在"的容易被展示的表现。每个人都可以说自己有知识，能力强，但是很难证明这一点，毕竟一个人比别人多知道"回"字的一种写法也是一种能力，怎么办呢？于是，一个方便的做法便是，不去纠结一个人是否真的"有知识""有能力"，而先看一个人是否"有文凭"。由于现代社会中，一个人是否"有文凭"很容易可以被证明，不是每个人都能随随便便说自己有文凭，所以，寻找"有文凭"的人比寻找"有能力"的人要容易且有效得多。

学生：但是，就算证明了一个人有文凭，也不表示他就一定有能力呀！很多例子也说明，一个人就算没有文凭，他也很有能力。

我：我并没有否定这一点："文凭"不等于"能力"。但即使如此，却改变不了以下现实：现代社会中，一个人的能力必须从与其他人的合作中才能体现出来。而每个人就算知道文凭不等于能力，但是在寻找合作者的过程中，每个人却都会首先选择与有文凭的人合作。你为什么会与我对话？因为我具有博士学位，现在是教授，这样至少使你在对话前就对我有了一定的信任。如果我没有读过大学呢？我想，你可能潜意识里会说，这个人大学都没有读过，怎么能理解我退学的想法。

学生：我没想这么多，但是我父母没有读过大学，他们就无法理解我的想法。

我：关于你想退学这件事，你父母和我的看法大致相同，只不过你完全不给他们对话的机会。从你对父母的态度可以看出，一个人是否有能力，其他人是看不出来的。但是其他人却根据一个人的文凭预判他的能力从而决定未来的合作可能：你没有文凭，人们便不会与你合作，即使你真的有能力，你也没有机会展示你的能力。换句话说,如你所说,有能力是武功,可惜你武功哪怕很高,因为你不是少林寺大学毕业的,所以你连上擂台的可能性都没有。

学生:但是我有能力、知识和才华,就算别人不知道,但"怀才就像怀孕",总会体现出来。

我:"才华总会体现出来"这句话在事实上没有意义,因为一个人的生命有限,"总会体现出来"却不知道什么时候能够体现。即使这句话有意义,这也不意味着文凭就不必要。因为,如果没有文凭,你在体现自己的才华时,别人可能会以为你只是偶尔有此表现罢了。要知道,人们总是根据外在的文凭来判断你内在的能力,这种判断未必准确,但是这比从没有文凭的人之中寻找有能力的人风险要小得多,效率要高得多。正如我刚才说的,你父母请我与你交流,而不是请一位没有读过大学的人。不要认为这是歧视,事实上,几乎全世界各国的公司在招聘过程中,都会在学历上有所要求。

学生:照你这么说,文凭就是一切。读大学的目的就是获得文凭,而不是提升能力?

我:你的话能否不要那么极端?我再次强调,文凭与能力的联系不是必然的,但这不表示,有文凭的人都没有能力。当然,如果你硬要将两者割裂,那么我可以肯定地说,在现代社会,文凭非常重要,所以读大学的目的首先就是获得文凭。如果你获得文凭的过程使你完全失去知识、丧失能力,尽管我可以肯定这不会发生,但即使发生了,你也要先获得文凭,获得别人认可你有能力的信号，而不是去维护你内在、抽象甚至无法证明的能力。

学生：但是一个人的工作、事业发展所需要的难道不是能力、知识和技能？缺乏能力的文凭又有什么用呢？

我：你说得很正确，一个人的工作、事业发展当然需要的是个人能力、知识和技能，但是一个人拥有能力、技能和知识是内在的，外面看不到也摸不着，所以必须有能够体现一个人能力、知识和技能的外在信号，这个信号就是文凭。尽管文凭与能力不是绝对匹配，确实存在一些人有能力而无文凭、另一些人有文凭而无能力，但不可否认的是：文凭在一定程度上与能力具有正的相关性。

学生：文凭和能力具有正的相关性是什么意思？

我：有关教育存在两种不同的理论，一种是人力资本理论，认为教育的功能是使受教育者获得知识、提升能力从而增加个人的人力资本；另一种是筛选理论，认为教育的功能是通过读书、考试，一级一级实现对人的分层筛选。要想获得一定的文凭，需要读书、考试，一个人能读懂、通过考试说明他智商不错；一个人能长时间坚持读书，并且考试成绩优秀说明他具备一定的毅力，一个人考试成绩越高、付出的努力越多，越说明这个人的智商和毅力越好，不管读和考的内容什么，只要一个人在共同受教育的过程中，学习越好，文凭越高，就越说明这个人智商、毅力越好，有好的智商和毅力，能力水平自然就属于佼佼者。所以，一个人在接受教育过程中，学习知识、提升能力是次要的，通过教育、考试并获得相应文凭，从而证明自己已经达到某一层次更为重要。

学生：你说的教育筛选理论就像是打游戏，一关一关地打过去，打到最高级别的就是能力最高的人了。

我：理论上来说，不管采取什么形式，读什么书，只要大家都按照相同的规则，一个级别、一个级别地学、考过去，能到最高级别的人，其智商、毅力应当都不差。这些人如果走入职场，从事其他工作，能力也应当不低。所以，文凭就像优质商品的信号，人们在购买商品时最看重质量，但是除非是商品生产者本人，否则谁也无法仅凭外观就能判断商品质量好坏。所有商品生产者都自称自己的商品质量最好，怎么办呢？如果某一个商品除了声称质量好以外，还有一个其他商品所没有的与众不同的"文凭"，如国家优质产品证书，这就发出了与众不同的信号，从而向消费者证明，这就是高质量产品。与此类似，在每个人都声称自己有能力时，你具有别人所没有的证书，这同样发出了与众不同的信号，你是有能力的人。

学生：我现在也承认，文凭确实很重要。但在学校里，学习和考试的很多东西与现实生活完全脱节，我甚至认为这些东西很没必要，一级一级地学习和考试非常无聊，甚至让人越学越傻，还不如让人打游戏通关呢？！即使这样一级一级地学习和考试是获得文凭所必需的，但学习和考试的内容和过程难道不能改一改，真正让学习者在这一过程中不仅获得文凭，也能提升能力，而不是像现在这样浪费时间？

我：关于教育如何切实提升一个人的能力，这是另外一个话题，我现在不与你讨论。至于你所说的当前大学中的学习和考试的内容是不是很愚蠢我也不做评论，尽管我不反对现在大学教育中确实存在一些不合理的做法。但是既然这些不合理的做法也是获得文凭所必需的，而获得文凭又是读大学的重要目标，所以完成以上工作也不能说就是浪费时间。而且，既然认为浪费时间了，你为什么不抓紧时间尽快完成这些工作，以便尽快获得文凭呢？难道不可以或者没有提前毕业的？

学生：可以提前毕业。与您说话使我知道读大学的重要目的是获得文凭，既然我要获得文凭，就只能对规定的科目进行一级一级学习和考试，如果我怕浪费时间，就应该努力提前毕业以尽快获得文凭，是吧？

我：是这样的。好像你对我的称呼变成"您"了，是表示你现在完全接受我的意见了？

学生：是啊。您确实说服了我，不像我父母，总是告诉我考取大学不容易，退学太可惜，退学后没有出路等，完全与我的思维不在一个频道上。还是您能理解我，看来还是读大学尤其像您这样学逻辑的，能力非常强！

我：……

我终于完成了这位三年级大学生的父母所托，他不退学了，并且学习劲头十足，希望能早点毕业并且保送研究生以获得更高级别的文凭。他最后夸我是因为我用逻辑说服了他，事实上，他困惑的确实是逻辑学中一个基本问题：概念的内涵和外延之间的关系。

概念的内涵是指概念所具有的本质特征。逻辑上要求，概念在使用时其内涵必须准确而明确，这样才能有准确和明确的外延（所指对象）。上述要求看起来简单，但具体到一些概念，遵循上述要求却很难，尤其涉及人"内在素质"的概念，例如能力、智慧、才华等。这些概念的内涵说明了人的"内在"特点，但这些"内在"特点如果没有"外在"的表现便很难确定其外延或者所指对象。尽管在日常生活中，对于"能力"这个概念我们耳熟能详，但是谁是"有能力的人"呢？我们不得不借助一些外在的表现，包括具体行为、文凭、证书等。于是便出现以下问题：内在的特点与外在的表现有多大程度上是一致的呢？某一位经济学家曾经提出，在市场经济中，一个人的能力就体现在他所拥有的财富上——谁越有财富，谁的能力越大；而在官僚体系中，一个人的能力体现在他所拥有的权力上——谁官阶高，谁能力大。但由于钱和权力的来源不同，所以，这位经济学家的观点很难得到公认。尽管这位经济学家的观点没有被公认，但他要解决的问题却是公认的难题，我们根据什么来确定一个人是否有能力呢？

这个难题早在我国的春秋时代就困扰着孔子，他认为一个人的内在特点是"实"，外在表现是"名"，名实应当相符，但实际生活中却经常不相符，如道德败坏者为了追求好名声而做一些伪善的事情；文盲为了显示自己有文化而购买假文凭等。孔子认为名实不符是造成社会发生混乱的一大原因，所谓"名不正则言不顺，言不顺则事不成"，所以他努力以名正实，要求"按实定名""循名责实"。

理解上述逻辑难题，对现代社会中的人有以下重要意义：

（1）不要抽象地谈一个人内在特点，如能力、技能、素质等，这些内在特点必须体现在外在的表现上，如文凭、证书等，缺乏外在表现的内在特点是没有意义的，所以，不能忽视一个人的外在表现；

（2）不要将外在表现与内在特点等同，高学历并不等于高能力；

（3）为了使内在特点和外在表现更可能相符，一个社会应当建立各项制度，如强化教育质量，完善诚信体系等，以尽可能杜绝虚假的外在表现，如假文凭等。

本 篇 小 结

（1）从逻辑上讲，"能力"这个概念尽管在内涵上明确，但它说明的是人的内在特点，缺乏外在表现的"能力"很难确定其外延（所指对象）。

（2）教育的一种功能是获取知识、提升能力，使受教育者积累人力资本；教育的另一种功能是分层筛选，通过一级一级学习和考试过程将人分为不同的层级，具有更高层级文凭的人与更高能力相关。

（3）文凭相当于人内在能力的外部信号，尽管有文凭的人能力未必就高，能力高的人未必就有文凭，但是两者之间具有某种程度的正相关性。就像优质商品为了表示其质量优秀，会有与众不同的"国家优质商品证书"一样。

（4）能力和文凭的关系反映"名"与"实"的难题，现代社会中，人们不能抽象地谈论能力而忽视能力的外在表现；也不能简单地认为文凭就等于能力；现代社会应当通过建立各项制度以使文凭与能力尽可能一致，从而做到名实相符。

4

叶公好龙——"喜欢"的逻辑分析

中学生应该都读过叶公好龙的故事：

一名姓叶的先生，非常喜欢龙：衣带钩、酒器上都刻着龙，屋子内外都雕刻着龙。他这样爱龙，被天上的真龙知道后，便从天上来到他的住所，龙头搭在窗台上探看，龙尾伸到了厅堂里。叶先生一看是真龙，转身就跑，被吓得像失了魂似的，惊恐万分。由此看来，叶先生并不是真的喜欢龙，他喜欢的只不过是那些像龙却不是龙的东西罢了。

由此便有"叶公好龙"这一成语，比喻说是爱好某事物，其实并不真的爱好。

这个故事和由此而来的成语存在一个逻辑漏洞，即成语从叶公见到真龙被吓跑而推出他并不是真的喜欢龙，这个推理合适吗？换句话说，如果叶公真的喜欢龙，他又该怎样表现才被视为喜欢呢？

　　喜欢是一种主观的情感，相似的词有"爱""喜爱"等，词典里对"喜欢"的解释是"对人或者事物有好感或者感兴趣"。这一解释也充分说明了喜欢是一种主观情感，正是因为如此，喜欢这个概念与能力类似，即使我们能够明确说明其内涵是一种主观情感，但是由于主观情感内在于人，从而问题的关键便是，"喜欢"的外在表现是什么？即一个人"喜欢"的主观情感如何体现在外在行为上？

　　从生理学角度上说，人的各种主观感情可以通过外在测定的生理学指标来表示，例如，一个人在受到惊吓时，心跳加快、瞳孔放大、肾上腺激素分泌较多甚至小便失禁等，通过这些外在的生理学指标可以确定这个人是否真的受到惊吓。但是由于每个人的具体情况不同，所以生理学指标的普遍性意义不大。一些人即使受到很大惊吓，可能因为他自身心理素质不同于其他人，也几乎没有上述生理反应；而另一些人可能还没有受到什么刺激，便已经小便失禁了。因此，一个人是否喜欢，即使可以通过生理学指标来体现，但是由于指标很难在现实生活中显示，更由于指标表示的结果不具有普遍意义，所以生理学意义的指标作为"喜欢"这种内在感情的外在表现没有现实意义。我们需要从一个人的具体行为中去说明他是否"喜欢"，于是，一个逻辑难题出现了：什么样的具体行为可以充分说明一个人的"喜欢"呢？或者说，"喜欢"是否存在标准的外在行为特征呢？

　　有一年春天，我们一家三口驾车从上海去常州，五岁的女儿坐在车后座，看着车窗外盛开的油菜花，一片春意盎然。她与她

妈妈有以下对话:

　　女儿:妈妈,外面金黄黄的一大片是什么?

　　妈妈:是油菜花。春天到了,油菜花都开了。

　　女儿:油菜花真好看。妈妈,你喜欢油菜花吗?

　　妈妈:油菜花是好看,我喜欢呀!

　　女儿:你喜欢油菜花的话,那你为什么不下车去吃呀?

　　妈妈:啊?

　　对于五岁的女儿来说,喜欢油菜花的表现就是赶快下车去吃。当然,你会说这是孩子的语言,有趣而不知所云,但是即使成年人之间的对话有时候也会存在类似问题。

　　在一次全国性的学术研讨会上,我与几位北京学者交谈甚欢。研讨会间歇,谈起各自生活,我与北京学者有以下对话:

　　北京学者:中国这些城市中,北京应当是最好的城市了,当然上海也不错。

　　我:我没在北京长时间住过,偶尔会去,最多也就住几天。觉得北京的便利店没有上海的便利店多,买东西不像上海方便。

　　北京学者:那是因为你是外地人,不熟悉北京,我们没有觉得不方便。

　　我:北京与上海一样,城市太大,至少在交通上就不方便。事实上,我更喜欢像苏州那样小一点的城市。

　　北京学者:那你为什么不从上海搬到苏州去住?

　　我:啊?

　　在这位北京学者看来,喜欢一座城市,就应当搬到那座城市居住，否则便不能称之为喜欢。由于这些城市都在中国，我还有搬去苏州居住以证明我喜欢苏州的可能性；但是否由于我目前不能搬到新加坡、洛杉矶和威尼斯，我便不能说自己喜欢这些地方？或者说自己喜欢这些地方，但因为不能搬去居住，我的喜欢就不是真正的喜欢？

很明显，一个人是否做一件事情不仅仅取决于"他是否喜欢做这件事情"，还取决于"喜欢"以外的其他因素。所以，喜欢狗的人未必会养狗；喜欢在小城市居住的人很可能生活在大城市；喜欢读书的人未必有时间读书；喜欢一个人未必一定要追求他（她），或者向他（她）示好，行为和一个人的"喜欢"并不存在逻辑上的直接对应关系。

那是不是可以从行为的频率上来体现一个人的"喜欢"呢？比如，经常做的事情就是喜欢做的事情，不经常做的或者不做的事情就是不喜欢的事情。这一点在逻辑上也并不成立。

某人一生之中，因为购物中奖，获得了一次免费旅游的机会。那次旅游给他留下毕生难忘的印象，从此他逢人便说自己多么喜欢旅游。可惜他生活贫穷，每天只能靠捡垃圾为生。尽管他一直说自己不喜欢捡垃圾，却每天都捡垃圾；尽管他一直说自己喜欢旅游，但是他却仅旅游过一次。

上面这个虚构的例子说明，喜欢做某事未必就能经常做此事，而经常做的事情未必就是喜欢的事情。现实生活中，人们每天吃一样的饭，却未必喜欢吃这种饭；相反，偶尔吃到不同的东西，却会念念不忘，喜爱无比。就像我自认为喜欢玩麻将，但是我已经二十多年没有玩过麻将了。

上面的分析说明，喜欢是一种主观情感，这种主观情感除了个人自身能够体验和声称以外，逻辑上并没有标准的外在行为能够有效展现这种主观情感：有些人喜欢龙，不仅将龙的图像绣在衣服上、将龙雕刻在房梁上，还希望能天天见到龙，与龙在一起生活；但是有些人像叶公，他喜欢龙，只是表现在将龙的图像绣在衣服上、将龙雕刻在房梁上，却不愿意见到龙或者与龙近距离接触。叶公不愿意与真龙见面、近距离接触，并不能说明叶公就不喜欢龙。就像有人喜欢狗，会养狗，而且不止养一只，与狗同吃同住；但另一些人喜欢狗，也仅限于远距离地给小狗投一根骨头。

那么，是不是可以这样认为，叶公也喜欢龙，但不是真正的喜欢；或者说，叶公喜欢龙，但不像那些能与真龙见面、近距离接触的人一样喜欢，他喜欢的程度不如那些人。这种说法不再去纠结"喜欢"的外部表现，回避了对"喜欢"进行标准的行为设定，仅仅把喜欢用于不同个体的比较：大家都喜欢龙，但是叶公不像"与龙能在一起的人"那样喜欢。就像我喜欢玩麻将，但不如天天玩麻将的人那样喜欢。

这种说法类似于经济学中的"序数效用论"：消费者对商品的喜欢程度不可能确定具体大小，但可以排序，即某一消费者既喜欢汽车，又喜欢钻石，但是因为他最终购买了汽车，所以推断他更喜欢汽车。

基于这种逻辑，有些人对"喜欢"给予新的解释：喜欢包括不同程度的主观兴趣，从低到高有：仅仅感兴趣→很感兴趣→真正的喜欢→很喜欢→爱→狂热的爱。关于叶公对龙的态度，持上述逻辑观点的人可能会评论说：叶公也喜欢龙，但他这种喜欢是仅仅感兴趣而已，还不是一种真正的喜欢，更不是对龙狂热的爱。上述说法在逻辑上合理吗？

上述说法在逻辑上仍然存在漏洞：也许每个人都有一个明确的排序，但是由于缺乏普遍公认客观的排序标准，所以，相同的行为，不同的人体现的内在主观兴趣程度也是不同的。例如，我认为养一只狗对我来说已经属于很喜欢了，即使很喜欢，我也不愿意让狗跳上沙发。我这种做法可能在另外一些人眼中，甚至谈不上对狗真正的喜欢。我一年看12场电影也仅仅是因为对看电影感兴趣，但是有人可能认为我对看电影已经具有狂热的爱了。

由于对喜欢这一主观情感概念缺乏标准的外在行为表现，而且不同的人表达喜欢的外在行为是不同的，这就导致不同的人对于同一外在行为的理解也存在不同，如有些人认为爱孩子便要对他宽容，而另外一些人认为爱孩子就要对他严厉；甚至同一个人对于不同对象的喜欢都具有不同的外在行为，如一位父亲对女儿的爱是百依百顺，而对儿子的爱却是苛刻严厉。所以，喜欢这一概念即使内涵确定，但是却很难通过标准的外在行为来确定其外延。每个人都有自己独特的行为来表现喜欢，也有独特的评价标准来确定某一行为是否表现为喜欢，这样，从逻辑角度而言，一个人必须理解，你以为自己对某物很喜欢，别人却未必认为你真的喜欢；在你从未感到别人对你有爱时，某个人也许对你已经爱得狂热了！

　　最后，回到本篇的叶公好龙这个故事，叶公就算在真龙到来时吓得落荒而逃，也不能以此就证明叶公不好龙，因为我们完全不能明确地说明，什么才是"真正好龙"的行为。

-------------------------------- 本 篇 小 结 --------------------------------

（1）喜欢作为一种内在的主观情感，其外在行为表现不具有共性，这意味着喜欢的外在表现行为是多样的。

（2）喜欢某件事情与做某件事情在逻辑上不具有对应关系，某人喜欢一件事情未必就一定会做这件事情；同样，某人做一件事情也未必表示他就喜欢这件事情。

（3）某人经常做某件事情与喜欢这件事情也不存在直接的关系，经常做的事情未必就喜欢，而喜欢做的事情未必就经常做。

（4）即使能将"喜欢"进行程度上的排序，但排序不具有客观的标准，所以不同个体之间，同一程度主观情感所表现出的行为仍然可能是不同的。

（5）"喜欢"这一概念在外在表现行为上的模糊性说明，不要以自己"爱的标准"来简单评价他人爱的行为。

5

为什么贵校的学费今年又涨价了？

昨天遇见一位"直爽"的朋友，见面聊了几句，得知我在同济大学教书后，便直言不讳地批评我所在的学校：

贵校 MPA 专业今年的学费为什么又涨价了？你们去年就涨了，目前学费比复旦大学和上海交通大学都高。学费已经很贵了，今年还涨，是不是学校太缺钱？或者同济大学的办学成本远高于其他学校？这样涨学费你说是不是不合适？

我不知道该怎么回答此人的发问，因为"同济大学 MPA 专业的学费今年上涨了""目前学费比复旦大学和上海交通大学都贵"等这些情况我不了解，所以后面的问题就很难回答。

"为什么贵校的学费又涨了？"这在逻辑上不是一个简单问句，它含有预设。所谓预设，又称前提（或者先设、前设），由德国哲学家弗雷格在 1892 年时提出的。预设是指陈述者在叙述或者提问时隐含的假设，只有当这个假设成立时，陈述者的叙述或者提问才具有意义，否则陈述者的叙述或者假设便没有意义。例如：

问题 A "为什么河畔大学的影响力在它成立至今不到 10 年的时间里如此之大？"

这个问题隐含着以下预设：

（1）一所大学叫河畔大学；

（2）河畔大学成立不到 10 年；

（3）河畔大学目前有比较大的影响力。

以上三个预设必须为真，上述问题 A 才有意义，否则问题 A 本身就没有意义。

再比如：

陈述 B "沙局长喜欢读书，这是他出身于书香门第最有效的证明"。

这个陈述隐含着以下预设：

（1）有一位局长叫沙局长；

（2）沙局长喜欢读书；

（3）沙局长出身于书香门第；

（4）一个人喜欢读书和他的出身是有关系的。

再细致一些的话，上述陈述 B 还有一个预设是 "有一种家庭（或者门第）叫书香门第"。上述任何一个预设不成立，陈述 B 便没有意义。

人们对世界三种层面的认识形成了三种判断：事实判断、因果判断和价值判断。其中，事实判断是基础，人们必须首先了解并掌握事实是什么，才有可能探究科学的因果关系并做出合理的价值分析。如果不能掌握确定的事实，或者一个人所掌握的事实判断是假的，那么在虚假事实上建立的因果和价值判断，从逻辑角度而言就没有意义。具体到预设，如果因果判断和价值判断之中存在事实判断预设，那么，我们在接受或者反驳这些因果判断和价值判断前，首先必须确认作为预设的这些事实判断为真，否则接受或者反驳这些因果和价值判断便没有意义。

然而在现实生活中，人们往往忽略作为预设的事实判断的真假，在不明确预设真假的前提下直接被无意义的因果或价值判断所左右。曾经看到以下的报道：

某工作日上午拥挤的街头，一对焦急的夫妻追上了一名行色匆匆的外来务工者。丈夫很激动，抓着这位外来务工者的衣领，先打了一记耳光，大喊着"你这个小偷，偷手机"！围观者群情激奋，上前帮忙，更有众多对小偷痛恨者直接动手群殴。警察到场后，外来务工者已经被打成重伤，从他的口袋中搜出了这对夫妻被盗的手机。警察随即叫来救护车将重伤的外来务工者送进医院，并将失窃夫妻、参与群殴及现场围观数人控制，一同带回警署。

当时现场围观者与看了这则报道的很多人都有相同的想法是："小偷"可恶，警察不应该救助"小偷"，更不应该把殴打"小偷"的人带回警署。他们都有如下困惑：

为什么还要将小偷送到医院？

群众打小偷是见义勇为，警察为什么要将见义勇为的群众带回警署？

有上述困惑的人完全没有思考下面的问题：

被打的外来务工者真的是小偷吗？

从他身上搜到的手机真是他盗窃的吗？

即使外来务工者真的是小偷，他就应当被群殴吗？

不管在现实生活还是在虚拟网络中，很多人喜欢围观。这些围观者在不了解"事实是什么"的前提下，妄加评论，形成一种特殊的舆论暴力。这种舆论暴力比真实的肉体暴力往往更具有伤害性，而评论者自以为是在伸张正义、主持公道，却完全不知道自己的行为很可能与正义、公道背道而驰。

一个人在思考过程中不去深究预设所涉及的事实的真假，这反映了他在现实生活中对客观事实的忽视或者有选择性地关注，这不仅会伤害他人，在某些情况下也会害了自己。这在投资市场上很常见，相当多的投资者不了解投资对象的真实情况却盲目投资，于是损失惨重。

甲：真的很难想象，我投资的 A 公司竟然破产了！几十万投资打了水漂。很奇怪，为什么这么好的公司会破产？

乙：都破产了，为什么你还认为 A 公司是好公司呢？

甲：A 公司的业绩一直很好，并且公司规模居于行业前三，去年的销售额是行业第一，这难道不能说明它是一家好公司吗？

乙：关键是，你说的这些情况都是真的吗？在缺乏诚信和有效监管的市场上，很多"事实"很可能是无稽之谈。所以，在思考"A 公司这么好的公司为什么会破产"这个问题之前，最好先确定"A 公司是否真的是好公司"这一前提。

了解并掌握真实的情况，从而确定正确的因果关系，才能使价值判断具有合理性的基础，缺乏事实判断基础的因果和价值判断在逻辑上是没有意义的。

如果有人问"甲杀了人是好事还是坏事？"怎么回答是最合理的？

无法简单回答。只要具有正常的逻辑思维，人们就无法简单地回答上述问题。在给出具体答复以前，人们总会首先确定"甲是否真的杀了人"。在此基础上，再确定"为什么甲杀人？"以下"甲杀人"两种不同的原因将导致人们对"甲杀了人是好事还是坏事？"这一问题的回答完全相反。

（1）甲杀了人。因为甲在遭受强盗抢劫时，看到了强盗的长相，强盗打算杀了他，甲被迫自卫而杀死强盗。

（2）甲杀了人。因为他抢劫时遇到被害人的反抗，于是杀了被害人。

很明显，在了解了"甲杀了人"的原因（1）以后，人们会认为"甲杀了人是好事情"；而如果"甲杀了人"的原因是（2），那么人们肯定认为"甲杀了人是坏事情"。

尽管每个人对"甲杀了人"的评价还依赖于不同的价值观，但事实和因果对于人们评价的影响却是毋庸置疑的。所以，每个人应当谨言慎行，在做出你富有激情的评价以前，首先要冷静地询问自己"我真的了解事实的全部真相并且确定其中的因果关系了吗"？

回到本篇开始，对那位"直率"的朋友关于同济大学学费涨价的指责和疑问，我无法简单回答，因为我完全不了解他问题中隐藏的预设是否真实，当然，我并没有否定这些预设。可惜，令我失望的是，当我问他是否能确定上述情况真实时，他对我的回答却是，"怎么？同济学费没有涨？我也是听别人说要涨的……"

-------------------------------- **本 篇 小 结** --------------------------------

（1）预设是陈述者在叙述或者提问时隐含的假设，这个假设必须成立，陈述者的叙述或者提问才有意义，否则陈述者的叙述或者提问从逻辑角度上讲没有意义。

（2）在进行因果判断和价值判断时，如果存在事实判断作为预设，必须首先确认这些事实判断是真的，否则以此为基础的因果判断和价值判断从逻辑角度上讲也没有意义。

（3）每个人应当谨言慎行，在做出价值判断之前，首先确定自己已经掌握相关事实的全部真相并理解其中的因果关系。

6

苦难是一个人的人生财富吗？

《孟子·告子下》中提到"天将降大任于斯人也，必先苦其心志，劳其筋骨，饿其体肤，空乏其身，行拂乱其所为也，所以动心忍性，曾益其所不能"。这段文字对中国人影响很大，也许正是因为孟先生的这段话，很多人便认为"苦难是一个人的人生财富"。当然，西方也有类似的观点，例如别林斯基说"不幸，是一所最好的大学"；伏尔泰则认为"不经巨大的困难，不会有伟大的事业"；而尼采则干脆认为"极度的痛苦才是精神的最后解放者，只有此种痛苦，才强迫我们大彻大悟"。

我有一位朋友，特别关心儿子的教育。她为儿子制定了雷打不动的学习程序，每天完成这些程序的时间至少 4 小时：1 小时练钢琴，1 小时练跆拳道，1 小时学奥数，1 小时学英语。儿子每天在学校至少 8 小时，再考虑上学接送，回来后吃饭、洗漱以及不同练习、学习之间的转换时间，一天 24 小时所剩无几。她儿子每天的生活像士兵打仗一样紧张。有时候拖拉，练完琴已经很晚，小孩子便经常睡眠不足。我知道这位朋友非常爱她的儿子，妈妈也知道儿子非常辛苦，但她还是坚持每天这样做，希望给孩子积累"人生财富"。

我的另一位朋友，大学毕业进入一家企业工作，因无法忍受领导魔鬼般的工作要求，最终放弃稳定、待遇好的工作，愤而辞职。辞职后艰难创业，创业成功后，他回顾当年工作中的苦难，认为正是这段苦难促使他经验增长和心理成熟，因此感慨"苦难对他真的是一笔人生财富"。

我写的这些故事有什么逻辑上问题吗？"苦难是一个人的人生财富"有什么不对吗？"苦难能促进一个人成长，有助于他拥有坚忍不拔的意志和毅力"不是真理吗？"督促小孩子学习和训练"难道不应该吗？

上面这些观点隐含着三个逻辑上的谬误：概念模糊，误置因果和名人名言谬误。

"概念模糊"这种谬误是指人们发表或者接受某一种观点时，却对观点中涉及的概念不明所以，模糊不清。例如，以下岗位招聘要求中就有多处"概念模糊"的谬误。

某公司甲岗位应聘者需要满足以下条件：① 具有相关工作经验至少满三年；② 具有较高学历；③ 专业对口。

一位打算应聘某公司甲岗位的人面对此招聘要求，一定会有以下困惑：

① "相关工作"是指什么工作？有哪些工作属于"相关工

作"？②"满三年"的时间具体期限是怎样？③ 什么学历属于"较高的学历"？④ 专业对口中的"对口"具体涵义是什么？是工作经验专业对口还是学习的专业对口？

具体到本篇标题中的问题，"苦难"这一概念具体涵义是什么？尤其是作为人生财富的"苦难"到底是指什么呢？查询《现代汉语词典》，苦难一词涵义是"痛苦和灾难"。进一步分析，"苦难"是指对人造成肉体或者精神伤害的事件和经历，它和"灾难"是近义词。苦难偏重于人的主观感受，即苦；灾难侧重于客观事件，即灾。苦难对于一个人来说，肯定是令人不舒服的、对肉体或者精神有伤害的经历或者事件。

为了进一步明确"苦难"这一概念的涵义，做到不模糊，需要将"苦难"与类似的概念如"艰苦""磨练"等进行辨析："苦难"和"磨练""艰苦"等是不同的。"苦难"是客观的，一个人即使不愿意也必须被迫忍受的事情或者经历；"艰苦"和"磨炼"则未必如此，"艰苦"和"磨练"等过程未必是被迫经历的。例如，体育训练对一个人是艰苦的，但是却不能说体育训练对其是苦难的。一些较富裕家庭的父母担心自己的儿子、女儿没有经历什么困难，怕以后不能成才，因此有意让子女到艰苦环境中锻炼，希望以此来培养孩子个性，将来做成一番事业。对于这些家庭的父母和孩子来说，即使孩子不得不过一种他认为"艰苦"的生活，但是父母与孩子双方都知道，可以随时停止这种"艰苦"，所以，从概念涵义的角度分析，这种生活是"磨练"而非"苦难"。

持有"辩证方法"的人会有以下论证：苦难给了遭受苦难者

坚忍不拔的品质,而这些品质有助于这些遭受苦难者获得成功,从而达到幸福的彼岸,因此苦难是这些人的人生财富。事实上,上述持有"辩证方法"的人犯了比"概念模糊"更严重的逻辑错误——偷换概念。注意,是"坚忍不拔的品质"有助于一个人的成功,这些"品质"是一个人的人生财富,而非"苦难"。肥料有助于植物开出绚烂的花朵,但"花朵是美丽的"不等于"肥料是美丽的"。

那么,是否可以认为"苦难"就是一个人"获得坚忍不拔品质"的原因呢?换句话说,如果不经历这些"苦难",一个人就不能获得坚忍不拔的品质,也就不能获得以后的成功。持这种见解的人往往会用一些艰苦训练的运动员、刻苦钻研的科学家、艰难创业的企业家作为例子,他们都是在经历一番"苦难"后取得成功的,由此得出结论"苦难是一个人成功的原因"。以上结论在逻辑上成立吗?

这仍然需要进行概念上的辨析:训练的"艰苦"、钻研的"刻苦"和创业的"艰难"也并不是"苦难",这些成功的例子仅仅说明,成功往往是一件"困难"的事情,不是那么容易就可以获得的。很明显,这些例子也混淆了概念,将"困难"视为"苦难",同时,以上证明还犯了"误置因果"的逻辑错误。

所谓误置因果是指将没有因果联系的两件事情错误地理解为具有因果关系。如以下例子所示:

班主任对某学生的迟到行为给予严厉的批评,半个月后,这位学生高考落榜了。学生父母将班主任告上法庭,要求班主任对该生高考落榜给予赔偿，因为学生父母认为正是由于班主任的严厉批评导致了该生高考失利而落榜。

很明显，"班主任批评学生迟到"与"半个月后学生高考落榜"之间不存在因果关系。当然，这个例子中，学生父母误置因果的错误还比较容易辨析，因为时间相隔甚远。但是当两件事件具有时间上的先后顺序时，误置因果的逻辑谬误便不那么容易能够识别了。例如，张三在高中毕业以后考取清华大学，可否认为张三因为高中毕业，所以他考取了清华大学？如果这是正确的，那么对李四来说，他高中毕业以后，因为盗窃进了监狱，是否又可以由此认为，因为李四高中毕业，所以李四盗窃并且进了监狱？所以，合乎逻辑的结论是：不能简单地认为 A 事件在 B 事件以前发生，便由此断定 A 是 B 的原因。

按照上述逻辑分析，很多人在事业成功以前也许会经历"困难"，但是这些"困难"既不是"苦难"，更不能由此认为这些"困难"就是这些人事业成功的原因。

最后，还要强调一点，我们不能因为某人是名人、很伟大，便认为他所说的每一句话都是正确的；也不能认为某一句话是"名言"，便不加思考地认为"名言"都可以接受。仅仅因为某一观点是名人说的或者是"名言"便不加思考地予以接受，这种逻辑错误便是"名人名言谬误"。这种谬误是两种谬误的统称，单纯地以名人的话为真理的谬误是"诉诸名人"；单纯地以名言作为真理的谬误是"诉诸名言"。这两种谬误在日常生活中都很普遍，人们往往会倾向于相信名人说的话，所以商家喜欢请著名歌星、影星来进行广告代言，即使代言的产品质量还不如其他产品，但也会赢得人们的信任。因此，不能因为有这么多名人和名言赞美过"苦难"，便想当然地认为"苦难是一个人的人生财富"。

行文至此，观点已经明了：苦难不是一个人的人生财富！回到本篇开始的那位妈妈身上，我想说却一直未直接与她说的是，培养和训练孩子也许是必要的，但不能将其中的困难当成原因，更不能将"困难"变成"苦难"，毕竟对于成功者来说，回顾过去"苦难好像是他的人生财富"，但是对于更多不成功的人来说，所有的苦难仍然都还是苦难。

-------------------------------- **本 篇 小 结** --------------------------------

（1）不加辨析地接受名人名言"苦难是人生的财富"，犯了三个逻辑错误：概念模糊；误置因果；名人名言谬误。

（2）苦难与困难、艰苦是不同的，前者是客观的，一个人即使不愿意也必须被迫忍受的事情或者经历；后者不是这样，经历困难、艰苦过程未必是被迫的。

（3）成功往往在经历苦难以后，但是这并不意味着前面的苦难是后面成功的原因，将具有前后关系的事件误认为具有因果关系，这种逻辑谬误是误置因果。

（4）名人名言谬误是指仅仅因为某一观点是名人说的或者是"名言"，便不加思考地认为是真理并予以接受。

7

原因再多也不能改变事实

事实判断和因果判断是两个不同层面的判断，事实是基础，因果是科学，建立在虚假事实判断上的因果判断没有科学性；而即使再讨论其原因和结果也不能改变这一事实的客观性。某些情况下，事实与事实的原因密切相关，但是，事实的原因并不等于事实本身。这是非常简单的逻辑常识，但很多人会忽视。这种忽视有以下三种情况：

第一种也是最常见的情况是，极力说明事实产生的原因，以此希望改变客观事实本身。这种以原因替代事实的逻辑谬误往往涉及当事人的利益，一旦仅考虑事实，当事人就会遭受损失，于是为了避免损失，当事人便会极力强调事实发生的原因，希望以此逃避事实带来的损失。

我所在的大学有教学上的规定，学生期末必须参加考试，没有参加考试的学生为缺考者，缺考者必须重修；参加考试但不及格者需在下一学期开学前补考，补考不及格的学生必须重修。我有时候会遇见一些学生，他们没有参加考试，应该重修，但却希望能够参加补考。这些学生可能有较高的学术水平和很强的沟通能力，但缺乏一些基本的逻辑常识。

学生：这是研究生院开具的证明，我期末考试的时候参加了某研究生学术交流研讨会，所以未能参加期末考试。

我：哦，我知道你没有参加期末考试，所以你属于缺考。

学生：这不能算缺考，事实上我对您这门课很感兴趣，也学得很好。即使考试，我相信成绩很可能是优秀，我也希望能参加考试。

我：但是你并没有参加考试，所以目前情况是缺考。你来找我的目的是什么？

学生：如果是有意没有参加考试，那是缺考；但是我主观上是愿意参加考试的，只不过研究生院让我去参加这个研讨会，因此没有参加考试。所以，我希望老师您能给我一份试卷，我现在就考试。

我：没有参加考试就是缺考，学校规定并没有"有意缺考"或者"无意缺考"的分别。因为你参加研讨会而没有考试，这就是缺考，即使你愿意考试，但事实上你没有考试。学校规定缺考必须重修，所以你只能重修。我不能违反学校的规定现在让你做一份试卷，从而完成考试。

学生：老师，考试的目的也是测试一个人的学习结果，我自认为我的学习结果完全达到您这门课的要求。我刚才没好意思说，在这次研讨会上，我的论文与发言获得了优秀奖，这也算是为学校赢得了荣誉。

我：你的学习结果可能优秀，你为学校赢得了荣誉，但这些都与你是否参加了这门课的考试无关。我希望你能理解学校的考试规定，按照学校的规定来做。

学生：我正是考虑您会拿学校规定来说事，所以特地从研究生院开出了证明，这份证明至少可以说明学校的规定也是有条件的。

我：这份证明仅仅说明你在考试的时候去参加了一个研讨会，是的，上面写了"你代表学校去参加研讨会"，但这份证明也只是说明了你缺考的原因，这并不能改变你缺考的事实，更与学校考试的规定无关。所以，你必须重修……

在日常生活中，很多人拥有对话中的学生类似的思维。他们上班迟到，会极力说明自己出门很早，但是遇到堵车；他们没有完成必需的工作，会说明自己很努力但工作指标定得太高；他们的孩子闯了祸，会说小孩子很可爱，但是太小、不懂事；即使没有任何原因了，他们还有"我不知道"这个杀手锏。尽管，从逻辑上讲，"我不知道"这个原因在某些情况下是合理的。

在政府制定或者通过修改而颁布新法律后，政府应当积极宣传新法律，以便让人们了解，这样人们才能有效遵守法律。但是人们对新法律不可能在某一时刻一下子就了解，需要一段时间的新法律熟悉期。在这段熟悉期中，一个人第一次违反新法律会受到教育，但不会被处罚；但过了这段新法律熟悉期，一个人违反新法律，或者即使在这段熟悉期中，一个人第二次或多次违反新法律，将受到处罚。对于不同的人，同样是违反法律，处罚却并不相同，依据便是"有些人是因为不知道新法律而违法"，但这不排除"有些人应该知道新法律却明知故犯"。

第二种经常容易发生的逻辑谬误是"以原因来误导事实",这种逻辑谬误一般还伴随着"价值不中立从而有选择性地接受事实"。就在写这篇文章时,我的一位热衷于股票投资的朋友又给我发来微信,热心地向我推荐一只股票。他推荐的股票,投资收益率可能还不如在几千只股票中随便选一只股票的投资收益率来得高。他在选择股票时最大的问题是,因为投资某一只股票,于是就努力寻找这只股票值得投资的原因。我与他经常有以下对话:

同事:我找到一只好股票,未来肯定上涨。

我:哪一只股票?为什么好?

同事:是某股,这只股票流通市值100亿,去年每股收益1块钱,今年收益预增;所在行业非常好,前景优异;与这只股票类似的其他股票的价格都至少是它的两倍,你说它是不是很好?

我:那为什么这只股票价格这么便宜?

同事:因为大家现在没有关注它,大家一旦关注到这只股票,肯定涨。

我:那么大家什么时候会关注呢?

同事:已经逐步关注了,你看,这只股票这几天成交量温和放大,说明有资金流入,人们开始关注。

我:但是这几天此股价格却略有下跌,没有上涨呀?!

同事:我说了是温和放大,这叫"洗盘"。给你推荐的股票你可以参考,你不能以逻辑来选择股票吧,当然,买还是不买,你自己考虑。

我：你发现了这么多某股上涨的原因，是在买了这个股以前还是买了以后？

同事：当然买了以后了，如果不买，我怎么会对这只股票进行研究呢？

……

我并没有接受他的建议而购买某股，因为可能过了不久，我们就会有下面的对话：

我：你说的某股，最近都没怎么涨过，昨天还大跌，你现在对此股的看法如何？

同事：昨天开盘不久，我就把某股卖了，稍微亏一点钱。幸亏开盘不久就卖了，逃过了大跌。

我：你怎么就卖了？你上次不是告诉我这只股票有很好的业绩吗？

同事：流通市值 100 亿，太小。在这个行业中缺乏规模效应，尽管去年每股收益高，但是营业外收入占比较高，主业不突出，缺乏可持续性。所以不涨，还会跟跌。

我：那前段时间成交量不是放大，资金流入了？

同事：现在看来，成交量放大是因为资金流出，买的人不看好，所以都抛了。

我：这么多坏消息，你什么时候注意到的？

同事：买了这么长时间，老不涨，我昨天晚上决定今天卖出，所以昨天晚上认真做了功课，今天早上一开盘卖出，多么正确！炒股与逻辑无关，需要花时间认真学习呀！来，我告诉你另一只好股票，现在买入的时机最好，很快就会上涨。……

与不久前相比，股票还是那只股票，但在我同事眼中，买和卖的理由却截然相反，这其中更多的是逻辑问题，而不仅是他深入研究股票的结果。

上述两种逻辑谬误的实质都是"以原因来代替事实"，这种谬误产生根源在于混淆了"事实"和"事实的原因"，在很多情况下，两者是相对独立的，即使造成事实的原因再"善良"，也不能改变事实本身是"邪恶"的。

但在某些情况下，事实和原因并不独立，原因的不同将导致事实的不同，若忽视这一点，将产生第三种逻辑谬误，即忽视原因对事实的影响。这种逻辑谬误往往涉及价值判断。一件行为是否合法，是否对社会有害，不仅仅取决于行为本身，更取决于行为产生的原因是什么。以下据说是苏格拉底和他学生的对话：

苏格拉底：你说什么是有道德的行为？

学生：忠诚老实，不欺骗别人，才是有道德的行为。

苏格拉底：但为什么和敌人作战时，我军将领却千方百计地去欺骗敌人呢？

学生：欺骗敌人是为了赢得战争，这符合道德，但欺骗自己人就不道德了。

苏格拉底：当我军被敌军包围时，为了鼓舞士气，将领就欺骗士兵说援军已经到了，大家奋力突围出去。结果突围果然成功了。这种欺骗也不道德吗？

学生：这种欺骗也是为了赢得战争，是战争中出于无奈才这样做的，日常生活中这样做是不道德的。

苏格拉底：假如你的儿子生病了，又不肯吃药，作为父亲，你欺骗他说这不是药，而是一种很好吃的东西，这也不道德吗？

学生：这样做是因为小孩子不明白生病要吃药，这种欺骗也是符合道德的。

苏格拉底：那你能不能告诉我，什么是有道德的行为？

学生：老师，我现在不知道什么是有道德的行为了。

将苏格拉底的话概括起来就是：某一行为不能抽象地定义道德还是不道德，需要看这一行为的原因是什么。行为的原因对行为性质的影响突出表现在法律之中，正如"杀人"这一行为，某些情况下，因为正当防卫而杀人，这时候，"杀人"不是犯罪，而是见义勇为的行为。

综上所述，事实判断和因果判断是两种不同层面的判断，在逻辑上需要全面理解事实和事实的原因这两者之间的关系：某些情况下，事实和事实的原因是独立的，无论怎样强调原因，也改变不了事实本身；在另一些情况下，对事实性质的判别却依赖于事实的原因，这时候，说明了"为什么"，才能确定"是什么"。

-------------------- **本 篇 小 结** --------------------

（1）事实判断不同于因果判断，对原因的说明不能否定事实，存在三种逻辑谬误：①以原因来改变事实；②以原因来误导事实；③忽视原因对事实的影响。

（2）三种逻辑错误在于混淆以下两种情况：一种情况是事实和原因是独立的；另一种情况是事实的性质依赖于事实的原因。

8

有时候"说真话"比"说假话"更具有欺骗性

　　逻辑上，有效推理和论证的基础在于作为前提的事实判断是真的，所以，要求一个人"说真话"几乎是全世界各民族通行的道德准则。如此简单的道德准则好像没有什么值得讨论的，但是如果再仔细思考，就会发现其中涉及的问题非常多。本篇不是关于伦理意义相关的道德讨论，千万不要误以为本篇的内容是"说真话"和"说假话"需要考虑具体场合、礼貌或者条件，如对坏人未必要说真话、家丑不可外扬等老生常谈，这些都不是逻辑问题。这一篇将对"真话""假话"进行概念分析，说明人们的主观认识与客观实际之间的差异。

　　根据常识，真话就是与客观①存在的现象和事件相符的话。例如，"太阳明天 6 点 10 分从东边升起"，当这件事情确实发生

---

① 本书只是介绍逻辑思维在日常生活中的应用，不是专门的哲学专著。因此，关于"客观""主观"等概念更深入的定义不是本书的讨论范围。

了，这句话就是真话，否则就是假话；假话就是与客观存在的现象和事件不相符的话。例如，"2012 年 6 月 6 号是农历的芒种节气"，根据历法，那一天并不是芒种，因此这句话是假话。尽管以主客观是否一致来定义真话、假话存在一些争议，但是这种定义简洁明了，常识可辨日常思维都会接受，甚至有些哲学也类似地这样定义"真理"：真理是与客观实际情况相符的主观认识。

在明确真话和假话的含义以后，你是否依然认为，"说真话"比"说假话"更符合道德上的要求？当然如此！几乎每位读者目前都会这样回答。但事实并非如此，因为有时候"说真话"未必比"说假话"道德更高尚。注意，"有时候"不是仅指某种特殊场合，比如为了骗坏人而说假话。那么什么时候说真话反而道德更低下了呢？我们来看下面一段对话所描述的场景。

有两位投资股票的朋友赵甲和钱乙，经常在买卖股票上互通信息。

赵甲：上次我给你推荐的某股票这段时间大涨超过 20%，你买了吧？

钱乙：买了。确实收益很好，你推荐的这只股票很不错。

赵甲：你运气真好，某股票尽管我向你推荐了，但是我却没有买，因为我自己也不相信它能涨。

钱乙：啊？你自己并不相信某股票能涨，为什么却推荐我买？！差一点被你害了。

赵甲：怎么能说我害你呢？我只是不太确定它会涨，所以自己没有买。推荐给你，你赚了钱，怎么反而怪我呢？

这段对话中，赵甲向钱乙推荐某股票，赵甲说的话"某股票最近会上涨"是真话，因为某股票最近确实上涨了。但是尽管如此，听到真话并且投资有所收益的钱乙却表示不感激赵甲，因为赵甲说的话，尽管是真话，但是赵甲自己却并不相信。

再看下面一段对话所描述的场景：

孙丙：上次我给你推荐的某股票这段时间大跌超过20%，我亏透了，你的推荐实在有点糟糕。

李丁：是啊，真的抱歉。在向你推荐以前，我也买了很多某股票，现在也亏损严重。

孙丙：哦，你在向我推荐前就买了，估计你买某股票的成本比我还高。

李丁：是的。肯定比你的持仓成本高。不过，这个股票基本面不错，持有一段时间应当会有盈利。

孙丙：但愿如此，我们都亏损，这也不能怪你。

这段对话中，李丁向孙丙推荐某股票，李丁的话"某股票最近会上涨"是假话，但是尽管如此，听到假话并且投资亏损的孙丙尽管不愉快，但却并不怪罪李丁，因为李丁说的尽管是假话，但是李丁自己也是相信的。

从上面两段对话中的钱乙和孙丙的各自反应来看，尽管赵甲说了真话，但未必就比说了"假话"的李丁在道德上更高尚，这是因为日常生活中，人们除了要求一个人要说真话，更要求一个人真诚。

真诚，就是一个人说的是自己相信为真的话，简单来说就是

"心口如一"；与真诚相对立的是虚伪，即一个人说的是自己也不相信为真的话，简单来说就是"口是心非"。将真诚、虚伪和真话、假话组合，有以下4种情况：

（1）真诚地说真话；

（2）真诚地说假话；

（3）虚伪地说真话；

（4）虚伪地说假话。

在这4种情况中，人们最愿意接受的是第一种：真诚地说真话。人们不仅希望听到真话，更希望获得真诚，从这个意义上说，第三种情况"虚伪地说真话"甚至还不如"真诚地说假话"，这就是本篇标题"有时候说真话未必比说假话更好"的原因。在现实生活中，虚伪往往意味着欺骗，即使骗子有时候也会说一些真话；而真诚与诚信相伴，尽管一位有诚信的人说的每一句话未必都是与客观实际相符的真话。

一个人虚伪，即使说了真话，也不能为其"虚伪"做出任何道德上的辩护，因为说话就是为了彼此进行沟通和交流，并传递真实的信息。一个虚伪的人即使说了真话，但这并非出于交流双方"传递真实信息"的目的，这一点在科学研究中尤为突出。很久以前，我曾经与一位教授有以下对话：

我：教授，您这篇研究报告的结论是，该企业是高科技创新企业，具有潜在的估值优势，合理的市值应当10倍于当前市值，这个太夸张了吧？

教授：这篇研究报告的结论是基于企业当前情况，这些情况经过综合数据处理，目前这个结论是确定的，不容置疑。

我：但是这个结论您相信吗？您会以 10 倍的价格购买该企业吗？

教授：这是另外一个问题，与研究报告无关。我的工作就是根据企业目前数据来进行研究。

我：企业的数据都是企业给您的，这些数据是否都是真实的呢？

教授：我仅根据企业给我的数据来做出分析，至于这些数据是否真实，并不是我所考虑的范围。这篇研究报告的结论也已经说明"本报告是基于企业所提供的数据"。

这位教授完全不会根据自己的研究报告做出相应投资，因为在这位教授看来，研究报告及其结论是一件事情，是否相信研究报告及其结论则是另一件事情。像这位教授这样的学者还有很多，我的一位同事万教授，他一年发表几十篇文章，并且每年至少有三本以上专著，平均下来，完成这些学术成果每天平均要写 1 万字，而这还是万教授在每年有一半时间外出讲座、作报告的情况下完成的。

学者不真诚、缺乏诚信，对社会造成的负面影响远远超过普通人。在当前中国，"专家"在某些场合下竟然变成了忽悠民众的"砖家"！一些"专家"的社会危害甚至比职业骗子还严重，因为职业骗子一贯都说假话，人们只要始终不相信职业骗子的话即可，但某些专家却有时候说真话，有时候说假话，人们既不能对专家的话都相信，也不能对他的话都不相信，这真正体现了"说真话"比"说假话"更恶劣。上述恶劣的情况在逻辑上还可以细分为以下两种逻辑谬误："过滤信息"和"掺沙子陈述"。

过滤信息是指对所有事实进行有选择性地陈述，仅陈述对自己有利的事实，有意忽略对自己不利的事实。例如：

汤姆（基金销售者）：我建议你购买某基金，它以投资超级大盘蓝筹新股为标的。你知道，大盘蓝筹新股发行价格很低，上市以后至少会翻三倍。目前某基金发行5天，每人只能限购50万。

吉姆（基金投资者）：好的，那么我就购买某基金。

三年后，吉姆购买的某基金只有初始投资资金的40%不到。他不知道，汤姆向他推荐某基金的每一句话都是事实，但是却没有同时说明：

大盘蓝筹股发行上市时价格会翻三倍，但是上市1年后往往会跌破发行价，并且某基金认购的大盘蓝筹新股只能在上市三年后才能交易。另外某基金尽管每人限购50万，但是50%以上的投资者不会购买某基金，即使有购买者，他们投资某基金的资金总额也不会超过5万。还有，汤姆销售某基金比销售其他金融产品有更高比例的佣金。

以上汤姆对吉姆说的话仅仅是过滤信息，还没有进行"掺沙子陈述"。所谓"掺沙子陈述"是指陈述者将虚假的或者自己不相信的信息掺杂在真实的信息中，以此有意误导、欺骗信息接收者。"掺沙子陈述"比单纯的过滤信息更具有欺骗性。例如：

股民：我想咨询一下目前投资股票应当如何选择？

投资专家：目前股票处于下降通道，风险较大。尽管你投资股票对我是有收益的，但是我仍然劝你谨慎，股票投资有风险。

股民：我知道股票投资有风险。这一点不用你说，我只是想询问，在决定承担投资风险的前提下，目前投资什么股票最好。

投资专家：我调查过某公司（这是真话，确实调查过），该公司有一款专利很快就会得到国际认证（"专利是否很快会得到国际认证"这一点投资专家自己也不知道，但某公司与专家有利益上的联系），报纸也报道过（这是真的，专家会拿出报纸证明），但是因为报道太专业，大家并没有注意报纸的报道（"大家没有注意报纸的报道"是真的，但是这与"报道太专业"没有必然联系），所以，这条重要消息并没有体现在某公司当前的股价上（这点专家自己也不相信），某公司股价被严重低估（这一点，专家自己同样不相信）。我只说到这里，不推荐股票（对某公司的说明确实不是"直接推荐"）

股民：我回去考虑一下。

很明显，上述投资专家如果向股民直接推荐某公司的股票，效果肯定比不上这种真假参半的推荐。所以，有时候，说真话比说假话更具有欺骗性。

---------------------------------- **本 篇 小 结** ----------------------------------

（1）根据常识，真话是与客观实际情况相符的话；假话是与客观实际情况不相符的话。

（2）真诚是相信自己所说的话为真，即"心口如一"；虚伪是不相信自己所说的话为真，即"口是心非"。真诚者未必说的都是真话；虚伪者未必说的都是假话。人们在道德上一般更要求一个人真诚而不虚伪。

（3）真诚意味着诚信，社会需要诚信，学者更需要诚信。缺乏诚信比单纯地说假话危害更大，缺乏诚信的具体表现有"过滤信息"和"掺沙子陈述"，这些情况都说明，有时候"说真话"比"说假话"更具有欺骗性。

9

徐福海外寻仙真的是欺骗秦始皇吗？

有历史记载徐福为秦始皇去海外寻仙的故事，如《史记·淮南衡山列传》中记载了徐福与海神的问答、徐福从东南来到蓬莱仙山以及海神向他索要童男童女等礼物的事情。很难确定真实的历史是否确实如上所述，但是从逻辑上分析徐福去海外寻仙是否欺骗了秦始皇，是一件很有趣的事情。

世界上本来就没有神仙，更没有什么海神，徐福却对秦始皇说有，这是不是欺骗？徐福说的确实不是客观事实，但他未必就欺骗了秦始皇。为什么？回答这个问题以前，在逻辑上首先要明确"欺骗"一词到底是什么含义。

按照《现代汉语词典》的解释，欺骗是指用虚假的言语或者行动来掩盖事实真相，使人上当。这个解释看起来简单，但是逻辑分析却不简单，因为其中涉及"事实真相"。

判断包括三个层面，其中事实判断有真有假，例如，"这个世界上有神仙"。这句判断,我们现在认为是假的,但是徐福也认为是假的吗?如果徐福本人相信有神仙,神仙中有海神,那么他这样告诉秦始皇,他是在欺骗秦始皇吗?你可能说这也是欺骗,他不仅骗秦始皇,也是在骗自己。因为没有神仙,所以他去海外寻仙,既让秦始皇上当,也让自己上当。这种说法很难在逻辑上成立,因为按照欺骗的定义,欺骗者用虚假的语言和行动来掩盖事实真相,如果欺骗者自己都不知道事实的真相如何,他又如何去掩盖呢?

通过对"欺骗"进行上述概念分析可知,如果一个人(甲)欺骗另一个人(乙),隐含的前提是甲是知道事情真相的。如果缺乏这一前提,即使甲说了与事实不符的话,也不能认为甲欺骗了乙。例如以下两位医生是不同的:

甲和乙是两位医生,都为病人推荐了 A 药品,都向病人陈述 A 药品具有良好效果,尽管在事实上 A 药品完全没有疗效。但是,如果甲医生知道 A 药品没有疗效而推荐,他是欺骗病人;乙医生以为 A 药品有疗效而推荐,那么,在逻辑上他的推荐就不能认为是欺骗。

那么乙医生的行为不是欺骗又是什么呢?本书将乙医生的行为称之为"判断错误",即一个人处于还未认识事情真相的一种状态。所以,尽管世界上没有神仙,但徐福去海外寻仙也未必是欺骗了秦始皇,很可能徐福本人就是判断错误的。

上述甲和乙两位医生都说了假话,为什么在逻辑上还要区别欺骗和判断错误呢?这种区分源于"事实判断的真假"和人们

"知道事实判断真假"之间的区别。

事实判断是人们对自然、社会中的现象、事实等事件断定，这种断定具有真假的区别。例如，"今天下雨了"是真的，意味着今天确实下雨了；如果今天实际上没有下雨，那么这个事实判断是假的。验证事实判断的真假，理论上说，只要与自然、社会中实际存在的现象、事件进行对照就可以了，尽管这一对照过程并不像验证"今天下雨了"那样简单。例如，"除地球以外，宇宙中还有其他有智慧的生物"。这句判断真还是假？很难确定其真假，目前没有充分证据证明地球以外有或者没有智慧生物。再比如，这是一家盈利的上市公司。但是有人说，这家公司财务造假。现代社会中，由于牵涉各方的利益，要证明一家上市公司财务是否造假可不是一件简单的事情。在哥白尼时代，人们大多都根据自己的直观感觉和经验认为太阳绕着地球转，哥白尼却提出日心说"地球绕着太阳转"，这既不符合人们的直观感觉和经验，更有悖于教会的基本教义，于是哥白尼的"日心说"被视为异端邪说，布鲁诺还因为坚持"日心说"被教会用火烧死了。今天，我们既对布鲁诺誓死捍卫真理的品质充满敬仰，同时也理解"日心说"并非绝对真理，因为，运动都是相对的，太阳也不是宇宙的中心。所以，事实判断有真假的区别，但这并不意味着人们能很轻易地正确识别事实判断的真假。

确定事实判断的真假实在不是一件容易的事情，即使孔圣人，也曾因此犯错而深有感触：

一天晚上，孔子感到腹中饥饿，便叫弟子颜回把厨房的粥热一热再端来。颜回把粥热好，端着粥走出厨房时，恰好有一阵狂风将沙土吹落在粥碗里。颜回觉得，将有沙土的粥给老师是对老师的不尊敬，但倒掉又太可惜，在这兵荒马乱的年月能找来一点粮食非常不易，干脆自己把它喝了再给老师做一碗。孔子等不来颜回，饿得受不了，就起身出来想看个究竟，正好看到颜回在喝粥，孔子不高兴，以为颜回不顾老师，偷着喝粥，但他仍然耐着性子问颜回："这是怎么回事，你怎么背着我喝粥？"颜回回答道："老师，刚才狂风把沙土刮进碗里，就这样端给您是对您不够尊敬，但倒掉又可惜，我打算喝掉这碗给您重新做一碗。"孔子看了看粥碗，便明白了颜回的解释，他微笑着拍拍颜回的肩说："是这样啊！我错怪你了，遇到这种情况我也会这样做的，看来即使是亲眼所见都未必能了解真相呀。"①

真相就在那里，但是人们却未必知道。欺骗是知道真相却虚伪地说出与事实不符的话；愚昧则是不知道真相而真诚地说出与事实不符的话。两者都说了与事实不符的假话，但一种是虚伪，另一种则是真诚。在逻辑上对两种行为进行区分，也体现了现实生活中，人们对两种行为具有不同的价值判断，人们会把虚伪和真诚放在首位，真话和假话则放在次要位置，即人们更希望他人

---

① 这一段故事出自《吕氏春秋·审分览·任数》，原文为：孔子穷乎陈、蔡之间，藜羹不糝，七日不尝粒，昼寝。颜回索米，得而焚之，几熟。孔子望见颜回攫其甑中而食之，孔子佯为不见之。少顷，食熟，谒孔子而进食。孔子起曰："今者梦见先君，食洁而后馈。"颜回对曰："不可！向者煤炱入甑中，弃食不详，回攫而饭之。"孔子叹曰："所信者目也，而目犹不可信；所恃者心也，而心犹不足恃。弟子记之，知人固不易也！"

真诚、不虚伪，而不仅仅是说了真话。

不同于传统逻辑将命题的真假视为外部已知条件，本书将命题的"真"和"假"作为逻辑分析的基础，以此给出"真诚"和"虚伪"两个概念的定义，如下：

（1）真诚：是指一个人说的话，是自己相信的话，简言之就是"心口如一"；

（2）虚伪：是指一个人说的话，是自己所不相信为真的话，简言之就是"口是心非"。

本书将真诚、虚伪两个概念与其他概念，如欺骗、判断错误；说真话和说假话之间的关系整理如下表：

相同事实，不同情况的陈述			
事实上，A药品完全没有治疗效果	甲认为A药品没有治疗效果，并且告诉病人A药品无效，不要去购买	乙认为A药品没有效果，但是告诉病人A药品有效，要去购买	丙认为A药品有效，并且告诉病人A药品有效，要去购买	丁认为A药品有效，但是告诉病人A药品无效，不要购买
	甲说了真话，并且对病人是真诚的	乙说了假话，并且乙欺骗病人，对病人虚伪	丙说了假话，但丙没有欺骗病人，他对病人真诚，但是丙的判断是错误的	丁说了真话，但是丁对病人虚伪

在上面表格中，尽管甲和丁都说了真话，但人们在道德上推崇甲的行为而反对丁的做法，以上分析与日常生活中人们的价值观相同。很多时候，人们对他人的要求往往是真诚，而不

会苛求他说的每一句话都是真的。就像恋爱中的男女，曾经的海誓山盟也许将来未必都能实现，但是在当时，恋爱中的男女向对方说的话至少被要求是真诚的。即使一个人承诺的最终没有实现，被证明是假的，只要他在承诺时是真诚的，一般或多或少总会被人谅解。例如以下描述的不同场景中，人们的价值判断就不存在区别：

杰克是股票投资爱好者，平时自己投资股票，也对股票投资有所研究。他经过研究，对好朋友汤姆说："东方股份公司是一家很有竞争力的公司，该公司的股票具有很高的投资价值，建议大量购买，等待丰厚回报。"

汤姆听了后回答："是吗？好的，我马上去买。"

汤姆听从杰克的建议，大量购入东方股份公司的股票，但是，由于宏观经济形势的变化，东方股份公司业绩亏损，面临倒闭，股价暴跌。

后期的对话如果是下面场景一，说明杰克是真诚的，虽然他向汤姆推荐说"东方股份公司很有投资价值"是假的，但是汤姆仍然会表示谅解。

场景一：

杰克：真的很抱歉，汤姆，我前面的推荐导致你亏损严重。我自己也买了很多东方公司的股票，损失严重。

汤姆：这个也不怪你，谁都不能对股票能够预测百分百准确。

而后期的对话如果是下面场景二，则说明杰克不是真诚的，汤姆不再信任杰克不是因为杰克的推荐为假，而是因为他认为杰克不真诚。

场景二：

杰克：真的很抱歉，汤姆，我前面的推荐导致你亏损严重。

汤姆：哦，那么你最近怎么样？是不是也在这只股票上亏了钱？

杰克：没有，我尽管看好东方股份，但是当时没有买这只股票，我买的西方股份。

汤姆：这个……，我实在难以理解你当时的推荐。我以后真的不能再相信你给我推荐的任何股票了。

一个人即使说的话最终被证明是真的，但如果他不真诚，仍然不能被其他人所信任。假设汤姆听从杰克的建议，大量购入东方股份公司的股票，并且购买以后，东方股份公司确实业绩大增，该公司的股票价格也暴涨。是不是汤姆就一定会感激杰克呢？后期的对话是以下的场景三。

场景三：

杰克：真的很替你高兴，汤姆，我前面的推荐使你赚了不少钱吧？

汤姆：哦，非常感谢，确实赚了不少。你怎么样？是不是也在这只股票上大赚？

杰克：没有，我尽管看好东方股份，但是当时没有买这只股票，我买的西方股份。

汤姆：这个……，真替你惋惜。只是既然你看好这只股票，并且都向我推荐了，为什么你自己却不买呢？

一个人说的话连自己都不相信，即使这些话最后被证明为真，说话的人也是虚伪的。显然，人们是否信任一个人的关键不在于这个人最终是否说了真话，而在于这个人是否说了自己所相信的话，即他是否是真诚的。

在现实生活中，虚伪的人未必始终不真诚，也就是说，他并非不相信他所说的每一句话，并且他说的每一句话也未必都是假话。事实上，如果虚伪的人始终胡言乱语，人们就能很快识别他的虚伪。麻烦的是，一些人说话口是心非、真假参半。所以，面对一个虚伪的人，最简单的做法便是，完全无视他说的每一句话，尤其是当虚伪的人所说的话涉及其自身利益时，对其所说的每句话保持一份谨慎尤为重要。

但是一个人仅仅做到真诚还远远不够，真诚地说假话，即判断错误的时候，这时会带给他人更大的伤害，这是因为一个虚伪的人由于经常口是心非，便不会得到他人信任，他的话就很难欺骗别人；但是一个真诚的人因为心口如一，他会被人信任，这时候，他的"假话"伴随着真诚就会给别人造成巨大损失。高明的骗子总会找一些愚昧的人，给他们灌输一套似是而非的理论，再让这些人去传播这套理论。由于这些人完全相信骗子的理论，再加上他们的真诚，这就比骗子亲自传播谬误，效果要好得多。

话题重新回到本篇开始，徐福是否真的欺骗了秦始皇？答案更可能是他没有欺骗秦始皇，徐福应该不是虚伪的人，因为以秦始皇的阅历和经验，若徐福在骗他，他肯定能够识别这一点。所以，合理的解释应当是，徐福自己也相信，海外有神仙并且真诚地想为秦始皇去求取长生之法，秦始皇相信了。因此，徐福只是判断错误而已。

-------------------- **本 篇 小 结** --------------------

（1）欺骗是指用虚假的言语或者行动来掩盖事实真相，使人上当。欺骗隐含的前提是，欺骗者自己知道事实真相。如果一个人不知道事情真相，即使他说了假话，也不能认为他是欺骗。

（2）一个人会判断错误是因为他处于不知道事实真相的状态，是产生于人们不知道事实判断的真假，人们相信为真的事情却不是真的。

（3）真诚是指一个人相信自己所说的话为真，即心口如一；虚伪是指一个人不并相信自己所说的话为真，即口是心非。一个人即使说了真话，但是如果他是虚伪的，人们在道德上也不会认可他。

（4）一个人即使真诚，但如果是判断错误的，他给别人带来的损害可能会更大。

10

为什么有时候人们会"真诚地说假话"

　　人们"真诚地说假话"是指，说话的人相信自己所说的话是真的，但是由于他的话与客观实际不符合，所以事实上他说的是假话。本书将此定义为"真诚地说假话"，所以，本篇的主题是从逻辑上回答"人们为什么会陷入真诚地说假话"？

　　我不久前收到一个快递，是远方的一位朋友寄来的，与快递几乎同时到来的是他的微信：

　　快递是否收到？是我凌晨排队抢购到的双黄连口服液，真的太难买了，我想你肯定没有买到。双黄连口服液可以治疗新冠肺炎，有病可以治病，无病可以防病。由于每人限购 10 盒，所以仅寄上两盒，希望你身体健康！

　　远方朋友的热情溢余手机屏幕，两盒双黄连口服液代表了朋友的一份真诚，我立即微信回复表达感谢，同时却在犹豫，是否要告诉他，双黄连口服液对新冠肺炎的预防和治疗不一定有明确的效果，不管是健康人还是患者，在缺乏医生指导的情况下，最好不要服用。

我这位朋友所说的"双黄连口服液可以治疗新冠肺炎"就是在真诚地说假话。真诚地说假话不同于"善意的谎言"，后者是说话者知道自己说的是假话，但是出于善意的动机而说出假话。如一位医生对患者说"你没有什么大的毛病，只不过是肺部有些阴影，这可能是抽烟过多引起的，少抽一些烟，休息一段时间即可"。而事实上，这位患者检查的结果是肺癌晚期。医生认为说真话将实际情况告诉患者对患者的健康反而不利，于是医生出于善意的动机而说了假话，并且医生也知道自己说的是假话。人们说善意谎话的原因可以理解为"出于维护对方利益"的考虑，那么人们真诚地说假话又是因为什么呢？

客观原因是"人们很难百分百说真话"！所谓真话就是与客观实际情况相符的话，由于"客观实际情况"很难百分百把握，所以"很难做到百分百说真话"。千万不要以为说真话就像说"1+1=2"那样简单，更不能想当然地以为，对一句事实判断进行真假识别，就像断定"中国的春节都在夏天"为假那样简单，因为人们所说的大部分话从逻辑意义上讲很难断定真假。为什么？

人们相互交流、沟通所形成的判断（又称"命题"）涉及三个层面的内容：事实层面、因果层面和价值层面。三个层面的判断相关联系，事实层面的判断说明了自然、社会中的现象或者事件，它是另外两个层面判断的基础。比较而言，事实层面的判断最容易确定真假；因果层面的判断涉及所陈述事件之间的因果联系，内容与各门具体科学有关，一般需要相关的专业知识才能确定其合理性，很难简单地断定真假；价值层面的判断往往涉及不同主体的偏好，主体不同，价值层面的判断真假便会有所不同，因此价值层面的判断不存在普遍意义的真假。例如：

事实层面：这朵玫瑰花是红色的；

因果层面：玫瑰花之所以是红色，是因为玫瑰花反射红色的色光，吸收其他颜色的色光；

价值层面：很多男性并不喜欢玫瑰花。

在社会生活中，人们所表达的判断一般并不是单一层面的判断，往往会涉及事实、因果和价值中的两个或者三个层面。

在区分以上三个层面判断的基础上，合乎逻辑的观点需满足以下基本要求：事实判断必须是真的，这样，建立其上的因果判断才具有科学性，由此得出的价值判断才有意义。因此，判别一个人观点的真假或者是否合理，基础在于判别他所陈述的事实判断的真假。为了能有效判别一个人给出的事实判断真假，需要完成以下逻辑分析工作：

第一，陈述者是否有清晰、明确的观点？这一点很重要，很多时候，一个人说话洋洋洒洒听起来有很多内容，但事实上并没有明确的观点，这表现为以下两种情况。

一种情况是用模棱两可的词语和语句表述自己的观点，由于所用概念、命题模糊，所以事实上他并没有明确的观点。例如：

目前已有证据表明，某口服液对于大部分服用此口服液的患者具有较好的效果（大部分是多少？没有服用某口服液的患者状况又如何？），因此，某口服液很可能对于某病毒具有抑制的作用（"很可能具有"是否等于"确实具有"？）。所以，我们建议为了预防某病毒，每个人尤其是中老年、体质较弱者在适当条件下经常服用某口服液（"在适当条件下"具体是指什么条件？多久时间是"经常"？）。

另一种情况是全篇引用他人的观点，自己并不给出相应的判断。例如：

政府发布公告指出，当前粮食生产一切正常，粮价上涨只是季节性因素，与我国耕地减少无关。在三农问题上有经济学家也指出，我国粮食自给自足的比例一直稳定在90%以上，这一点不会因为耕地面积的微小变化而改变。到目前为止，大部分受调查者对我国粮食生产具有信心，普遍认为粮食价格的上涨是暂时的现象。（这一段文章的作者并没有给出自己的观点）

第二，陈述者给出的观点如果不止一个，那么多个观点是否彼此冲突。有时候，一些人在陈述自己的观点时，为了面面俱到，或者为了不使自己的观点显得偏激，会给出相互矛盾的观点，例如：

我认为，A大学的教学质量是好的，毕业于A大学的学生素质也是高的。不过毋庸置疑，A大学经济系的学生这次在竞赛中的表现确实令人大跌眼镜，他们的综合素质令人担忧，但究其原因，是因为这些A大学经济学系的学生自我感觉过于良好，他们平时在学习上的投入过少，于是过高的素质反而导致了较低的竞

赛表现。（这一段文字的作者观点混乱，不清楚他到底认为 A 大学经济系学生的素质是高还是低）

很多时候，相互矛盾的观点是陈述者为了使自己更具有"辩证性"而给出的。"辩证地看问题"是常有的托词，逻辑并不否定辩证法，但要注意回避以辩证法为借口的"变戏法"，如下面校长的发言：

校长：这次教学事故是不能原谅的，它给我校声誉带来了不可挽回的损失。教学事故相关责任人必须做出检讨，深刻反省。当然，有些人建议相关责任的老师停课检讨并且扣减当月奖金，我认为这是不必要的。事故已经发生了，这是坏事情，但是只要我们能够深刻认识到事故的原因，从而杜绝类似事故再次发生，坏事情也可以变好事情，从这个意义上说，教学事故的相关责任人也算对学校的发展做出了贡献。（根据校长的"辩证"看法，好事情和坏事情并没有区别）

完成以上逻辑分析检查工作、明确一个人确实有明确的、不相互矛盾的观点以后，以此为基础再分析，在事实层面，什么样的人更可能会真诚地说假话？换句话说，什么样的人更可能陷入判断错误的情形？

由于每个人都无法获得最大范围和最深层次的信息，因此，对自己掌握的信息和持有的观点保持高度怀疑是合乎逻辑的。自信是好的品质，但是自信的同时需要谦虚。本书为"谦虚"赋予的概念内涵是指，一个人认识到客观世界具有范围、层次等条件性，于是对自己掌握的信息和持有的观点保持高度怀疑。谦虚从这种涵义上讲就是苏格拉底智慧[①]的另一种表述，谦虚的人总是处于积极探索、学习的状态，以便补充、更新并且完善自己所掌握的信息和持有的观点。

不谦虚的人更可能真诚地说假话。任何事实判断若是真的，都需要具有相应的条件，有其适用的时间、范围和层次。时间、范围和层次一旦发生变化，"真"的事实判断就可能变成"假"的。换句话说，一切"真"的事实判断都不是"放之四海而皆准"的真理，就像万有引力定律只适用于宏观物体，涉及微观，采用万有引力定律来计算两个电子之间的引力就是错误的。不谦虚的人往往认识不到自己所掌握信息的条件性，固执地认为自己所持有的观点就是"终极真理"，回避任何新的信息，于是更可能真诚地说假话。从逻辑的判断形式上讲，那些具有"偏激形式"的事实判断（如全称判断、必然判断等）往往都不是真的，例如：

全称判断：开卷有益（读书对所有人都有好处）

必然判断：适量饮用葡萄酒必然对人有好处

缺乏独立思考能力、人云亦云的人更可能真诚地说假话。这些人往往根据信息的来源而不是内容来判断信息的真假，于是贸然相信并转述假话。当一个人缺乏独立思考能力，他就会不加分析地相信一些假话，同时又真诚地转述这些假话。这在我另一位朋友身上尤为明显。他曾经买了一款理财产品某宝，并极力向我

---

① 苏格拉底智慧有很多种表述，较为普遍的两种表述是"我知道我不知道"和"怀疑自己"，这两种表述与"谦虚"含义一致。

推荐：

朋友：这款产品收益至少有15%，安全性与收益性都高，比银行理财和股票都好。银行理财收益太低，而股票风险又太高。

我：常识是"收益高的总是伴随着高风险"，你这个说法很难让我接受。

朋友：你不了解才会有疑问。这是一种金融创新工具，是将资金需求者和提供者通过平台直接撮合，所以才能具有高收益和低风险兼备这种传统金融产品所没有的优势。电视里有这方面的介绍，政府也积极鼓励，中央电视台也有这款产品的广告，这些都证明这是一款好产品。

我：你说的金融创新工具我不是很清楚，但我还是建议你多关注风险，毕竟所有的推介都是商业行为，与这款产品的风险基本无关。

朋友：你还是学经济学的呢，我只是向你推荐这款产品，我自己买了50多万，而且已经取回了近1万的利息。你如果担心风险，就不要买。

朋友的50多万投资在经历4年多无助、绝望的等待以后，没有任何投资收益，收回本金不足20万。他到现在还想不通，为什么某宝产品风险如此之大！

当一个人价值不中立，选择性地接受或忽略已经出现的客观事实时，他就更可能真诚地说假话。事实判断应当是价值判断的基础，但是当一个人已经有了价值判断，他会因此而不再"中立"，就会关注有利的事实而无视相反的现象，从而导致得出错误的结论。

例如某人要对甲公司投资进行决策，若他已经认可甲公司的投资有利可图，并且已经购买了甲公司的股票，他就会关注到甲公司具有以下优势：公司的财务状况好，管理团队出色，员工稳定，再加上目前公司股票价格被低估（以上都是事实判断），所以，购买甲公司股票是有利可图的（这是价值判断）。但是，此人的投资决策却忽略了甲公司曾因财务造假被监证会处罚过的事实。

所以，很多时候，人们在投资决策中，往往事实判断和价值判断颠倒，即先做出了价值判断：投资某公司是有利可图的（并且已经买了该公司的股票）。接着再去研究有关该公司的现实状况，这时候，凡是有利于投资该公司的信息，就会被投资者认为是重要的并且重点关注，凡是不利于投资该公司的事实，就会被投资者选择性忽略，或者即使注意到也认为不重要。现实生活中，人们之间发生争论，争论的双方都真诚地认为自己掌握的是真实的、全部的信息，同时忽略对方给出的信息，或者认为对方给出的信息是虚假的，这经常是由于双方在价值判断上的对立。

因此，争议双方如果具有不同的价值判断，他们是很难彼此沟通或者互相理解的，除非一方意识到这一点并改变自己的价值判断或者努力做到价值上的中立。我曾经和一位同事发生过争论，这一点表现得尤为明显：

同事：这些报考我校的外校考生不是很优秀，面试的时候，除极个别外，这些考生对基础和专业知识了解不深。

我：总体来说，外校考生与本校学生相比，笔试成绩没有明显差距，这说明外校考生即使不是特别优秀，也是现在所有学生的普遍情况，不能以你当时做学生的要求来要求现在的学生。

同事：笔试成绩确实差别不大，但是笔试是国家统考，说明不了什么。学生考得好也只是他会考试而已，但我们更看重考生的综合素质。

我：面试有差别可能是你面试时所问的问题本校学生因为听过你的课，比较容易回答，但对于外校考生就很难回答了。

同事：我的问题都是基础问题，是否听过我的课不会有这样的差别。

因为我的同事已经有了"外校考生不是很优秀"这一判断，他会忽略"外校考生"的所有信息。而我并没有"外校考生"这样的判断，所以便不会忽略相关的事实，于是，我与同事之间关于外校学生的争论在逻辑上便很难达成共识。

通过以上分析，可以得出结论：每个人首先应当真诚，不要口是心非；但是一个人仅有真诚是不够的，还要保持谦虚，具有独立思考能力，认识到自己掌握的信息和观点并不全面，不盲从，同时反思自己是否在价值上保持中立，只有这样，才能避免陷入判断错误的境地。

------ **本 篇 小 结** ------

（1）人们交流沟通所表达的判断包括事实、因果和价值三个层面，事实判断为真是因果判断和价值判断合理、有效的基础；相比较而言，

确定事实判断的真、假比确定因果判断和价值判断的真假更为容易。

（2）一个人在陈述事实判断时，必须做到有明确且不模糊的观点，若有多个观点，那么这些观点之间不能相互矛盾；一个人真诚未必说的都是真话；一个人虚伪未必说的都是假话。

（3）逻辑意义上的谦虚是指一个人认识到客观世界具有时间、范围与层次上的条件性，从而对自己所掌握的信息和观点保持高度怀疑。不谦虚的人更可能真诚地说假话。

（4）缺乏独立思考能力，对信息来源的关注更胜于信息的内容，价值不中立，这些都会使一个人更可能真诚地说假话。

（5）一个人要真诚，同时还要谦虚、不盲从，在价值上保持中立，这样才能避免陷入愚昧的境地。

11

如何有效地判别一个人是否真诚

　　人们之间通过语言来交流、沟通以及传递信息，这些信息在事实层面具有真或者假的区别。当一个人说与客观实际相符的话时，那么他说了真话；如果一个人说的话与客观实际不符，那么他说了假话。一个人表述自己相信的观点，那么他是真诚的；一个人说的话自己都不相信，那他是虚伪的。理论上说，由于事实判断的真假可以通过与客观现象或事件进行对照而确定，所以，逻辑上可以判别一个人说的话是真还是假。但一个人真诚还是虚伪并不依赖于他说的话是真还是假，而是取决于这个人是否相信自己所说的话，由于很难确定一个人是否相信自己说的话，所以，有效确定一个人是否真诚是一件比较困难的事情。

　　现实生活中，测谎仪可以判别一个人是否真诚（虚伪）。注意，测谎仪对一个人测试的结果并不是他是否说了假话，而是确定这个人是否认为自己在说假话。

　　测谎仪所测的其实不是谎言，而是情绪。现代科学证实，人在说谎时生理上的确发生着一些变化，有一些肉眼可以观察到，如出现抓耳挠腮、腿脚抖动等一系列不自然的人体动作。还有一些生理变化是不易察觉的，如呼吸速率和血容量出现异常，出现呼吸抑制和屏息；脉搏加快，血压升高，血输出量增加及成分变化，导致面部、颈部皮肤明显苍白或发红；皮下汗腺分泌增加，导致皮肤出汗，双眼之间或上嘴唇首先出汗，手指和手掌出汗尤其明显；眼睛瞳孔放大；胃收缩，消化液分泌异常，导致嘴、舌、唇干燥；肌肉紧张、颤抖，导致说话结巴。这些生理变化由于受植物神经系统支配，所以一般不受人的意识控制，而是自主的运动，在外界刺激下会出现一系列条件反射。这一切都逃不过测谎仪的"眼睛"。据测谎专家介绍：测谎一般是从三个方面测定一个人的生理变化，即脉搏、呼吸和皮肤电阻（简称"皮电"）。其中，皮电最敏感，是测谎的主要根据，通常情况下就是它"出卖"了一个人。目前世界许多国家已经把测谎仪引入到公安和司法界。①

　　从以上对测谎仪工作原理的介绍可知，当一个人认为自己说谎时，他会产生不可控制的生理变化，而这些生理变化一旦被测谎仪检测出来，便可以确定他在撒谎。一个人即使说了假话，但是他并不认为他说的是假话，这时候测谎仪是检测不出他具有相应生理变化的。我们用以下匹诺曹的故事来说明上述的区别：

---

① https://www.iqiyi.com/v_19rqztwlgo.html

匹诺曹的鼻子就是测谎仪，它在匹诺曹撒谎的时候就会长一寸，在匹诺曹说真话的时候没有变化。法官与匹诺曹之间有以下问答：

法官：你是匹诺曹吗？

匹诺曹：不是的。（鼻子长了一寸）

法官：你刚才的回答撒谎了。

匹诺曹：是的。（鼻子未变化）

法官：1+1是不是等于2。

匹诺曹：是的。（鼻子长了一寸，这说明匹诺曹并不相信"1+1=2"）

法官：数字1是否比0要小？

匹诺曹：是的。（鼻子未变化，这说明匹诺曹相信"数字1比0小"）

从上面的匹诺曹的故事可以看出，一个人说了假话，但未必是因为他虚伪，很可能是因为他判断错误。判别一个人是否说了假话相对来说比较容易，但是区分一个人说假话的原因是由于虚伪还是判断错误则相对较难，也就是说，判别一个人是否真诚比确定他是否说了假话还要困难。毕竟，一个人是否相信自己说的话完全是个人的事情，很难从外部有效识别。一个人有意欺骗他人，一定会宣称自己说的是真话，并且宣称相信自己所说的话，即自己是真诚的。即使他最终承认自己确实说了假话，但是他完全可以用自己判断错误（一般表示为"我不知道"）作为借口来否认自己虚伪，我们很难确定他是"心口如一"还是"口是心非"。

这里的"口"我们很容易就能听到，但是他的"心"是什么我们却很难确定。正如下面的对话：

王教授：你向我推荐甲，希望我招收他做研究生，你真的认为甲具备从事科研的潜质？

李教授：当然。我确实认为甲不错，在读大学本科期间就发表了一篇学术论文，这篇论文我读过，质量还是不错的。

"李教授是否真的认为甲具有科研潜质"与"甲是否具有科研潜质"在逻辑上是不同的。因为即使甲完全不具有科研潜质，但是李教授可能不知道这一点，他内心确实认为"甲是具有科研潜质的"，所以真诚地向王教授推荐了甲。那么怎样证明李教授是否真诚呢？在逻辑上很难！

正是由于逻辑上很难证明一个人是否真诚，所以现实生活中，一种做法是对"虚伪"和"判断错误"不再加以区分，只要你说的是假话或者以前说过假话，我就不再相信你——不管什么原因的虚伪和判断错误都不可原谅！上面对话中的王教授可能会有下面的进一步回答：

王教授：去年你也向我推荐了一名据说具有很强科研潜质的研究生，一年不到就退学了，浪费了我的一个招生指标，今年不管甲的素质如何，我都不能相信你了。

对虚伪和判断错误不加区分这种做法尽管简单，但因其过于武断，在现实生活中并不常见，人们在日常生活中，往往更厌恶虚伪，认为这是一个人的人品（道德）问题，而倾向于谅解甚至同情判断错误，认为这是由于一个人认识或经验不足所导致，他也是自己的受害者。所以，现实生活中，大部分人在确认一个人说了假话时，更希望知道他说假话时的主观状态，是明知假话而骗人呢（虚伪）？还是不知道是假话而真诚地向别人陈述（判断错误）？这说明，尽管困难，人们还是希望能有效判别一个人是否真诚。但是，我们既不能随时携带测谎仪，更没有匹诺曹的鼻子可供观察，我们又该如何有效地鉴别一个人是否真诚呢？

春秋时代的孔子提供了以下方法：

视其所以，观其所由，察其所安，人焉廋哉？人焉廋哉？

孔先生的意思是，要想了解一个人，必须先看他的言行，其次观察他做事的原因，最后确认他每天感兴趣的事情是什么。经此三步，就能对一个人产生较为彻底的认识和全面的了解，使他在你面前无处遁形。孔子的这套方法概括而言就是为了识别一个人是否真诚，可以将"口""心"的关系有条件的转为"言""行"的关系，即真诚的人如果是"心口如一"，那么他就表现为"言行一致"；而虚伪的人"口是心非"，他的表现就是"言行不一"。由于一个人的行为是外在的、可以观察的，所以一个人是否真诚便通过他的行为被观察出来。

将内在的"心"转化为外在的"行"尽管可行，但这种转化是有条件的，即人们"行"的原因是单一的，就是内在的"心"。但是，如果人们"行"的原因是复杂而不是单一的，那么一个人即使"言行一致"也未必是真诚的体现，而"言行不一"的人也未必就是虚伪的。例如：

汤姆：你可把我害惨了，你推荐的东方股份让我亏了太多的钱。你当时真的觉得这个股票是好股票?

杰克:当然了。我任何时候推荐股票都是真诚的。你知道,我也买了好多东方股份的股票,自己也亏了不少。我如果自己不相信这只股票好,为什么自己也买?

汤姆:我听说,你的公司与东方股份公司有协议,必须购买该公司的股票成为其股东才能从该公司获得市场上紧缺的货源,是吧?

上面例子中,杰克声称自己相信东方股份是好股票,并且以自己也购买该股票来证明自己是真诚的。表面上看,他言行一致。但是,他购买该公司股票这一行为的原因不是单一的"他认为该公司股票是好股票",而有其他原因,这样,他的行为尽管和他的声明一致,但仍然不能以此证明他就是真诚的。

同样,"言行不一"也未必就是虚伪,因为一个人的行为除了内在的"心",还需要外在的条件。例如:

医生:你真的认为做医生是好工作?收入高并且受人尊重?

师范学院学生:当然了,我一直希望能做医生,不仅收入高,治病救人也是我的理想。

医生:那就很奇怪了。你的学习成绩那么好,完全考得上医学院,但是你却就读了师范大学,你的选择和你所说的不是很矛盾吗?既然你想做医生,为什么却没有行动呢?

师范学院学生:我确实可以考取医学院,但是医学院学费太贵,我无法负担。师范学院的一些专业是免费的,并且还补贴生活费,所以我选择报考了师范学院!

对话中师范学院的学生是真诚地相信"做医生是好工作"，但是他却没有报考医学院，表现出"言行不一"，但是这种言行不一的原因并不是师范学院学生的虚伪，而是其经济条件上的限制。正是由于人们行为的原因不是单一的，所以将"行"和"心"的关系简单对应在逻辑上是有漏洞的。为了弥补上述逻辑漏洞，更好地从行为判别一个人是否真诚，时间因素被引入，即一个人长期坚持做一件事情比他偶尔为之更能证明其内心的真实想法，所谓"路遥知马力，日久见人心"正是这个道理。例如：

评委：我建议这次特别杰出奖颁发给庞教授。他在许多领域有杰出的贡献，不论是经济计划领域，还是管理伦理方面，或者是智能城市角度，他都有重要的论文发表。这些论文不仅理论新颖，更有建设性的实践建议。在庞教授作为候选人这一点上，许多评委的意见与我是相同的。为什么您却极力提名沈教授呢？他仅仅在逻辑研究上有些文章，并且局限于逻辑思维一个领域。

评委会主席：我认为特别杰出奖不仅要考虑一位学者有多少学术成果，更要考虑这位学者学术表现是否真诚，即他众多的学术成果到底是不是真正的学术精品。

评委：我们除了能判别、比较这些专家成果的数量和影响力以外，很难判别、比较这些专家的学术成果质量，这涉及各个具体的专业。除了您所熟悉的领域，您又如何能够区分一位专家的成果是否为精品呢？

评委会主席：确实很难区分。但是就拿庞教授来说，他20多年来，论文涉及历史、经济、管理、心理等多个专业，几乎不到

3 年就换一个专业，每个专业中几乎每半年就换一个方向，他的文章看起来涉猎广泛，但是他的观点却充满矛盾，在这篇文章中他强调"目标的重要性，没有目标的管理是无效的"，在另一篇文章中又强调"行动先于目标，目标是模糊的，要在具体行动中形成目标"。对于庞教授来说，他真的相信他的观点吗？这一点很值得怀疑。而我所提名的沈教授，尽管他的学术成果数量远不及庞教授，但他 20 多年一直在逻辑领域耕耘，专注于逻辑思维，他的文章和著作也都集中在这一领域，并且所有成果中的观点前后一致，层层深入。一位对自己的学术成果和观点有所怀疑的人不可能坚持如此长时间的研究，因此，从时间上说，我更确信沈教授对其研究及其成果比庞教授更加真诚。

一个人做一件好事是容易的，难就难在一辈子都做好事。一个人从事某件行为的时间越长，越能体现他内心真实的想法，尽管这并非是绝对的。

-------------------------------- **本 篇 小 结** --------------------------------

（1）判别事实命题的真假理论上可通过与客观存在的现象和事件对照，因此，逻辑上可以确定一个人说的话是真是假；但一个人真诚还是虚伪并不依赖于他说的话是真还是假，而是取决于这个人是否相信自己说的话，由于很难确定一个人是否相信自己说的话，所以，有效确定一个人是否真诚是一件比较困难的事情。

（2）测谎仪不是判别一个人是否说了假话，而是确定这个人是否认为自己在说假话。从生理学角度上讲，当一个人确定自己在说谎话时，会有特殊的生理特征，测谎仪就是通过发掘这些生理特征来确定这个人是否说谎。

（3）一个人说假话的原因可能是因为判断错误，也可能是因为虚伪，但是在日常生活中，很难区别一个人说假话是由于判断错误还是虚伪。一种做法是不加区分，但人们往往会原谅判断错误而厌恶虚伪。于是，逻辑上，需要判断一个人是否真诚。

（4）以"是否言行一致"来判别一个人"是否真诚"是一种方法，但是这种方法受到条件的限制：如果一个人行为的原因并不是单一的，那么"言行一致"的人未必就是真诚的；"言行不一"的人也未必就是虚伪的。

（5）为了使"言"与"行"更具有联系性，时间因素被引入。一个人做某事时间越长，则越能反映其内心真实的想法，尽管在逻辑上这不是绝对的。

12

适当喝一些葡萄酒到底对健康好不好呢？

曾经看到一篇报道，内容是法国人患心血管疾病的比例很低，因为他们有餐前喝一些葡萄酒的习惯，所以，适量喝葡萄酒有益身体健康。今天又看到一则报道，任何含有酒精的饮料对人都是有害的，不管是否适量，哪怕仅仅饮用一点，对人不仅无益而且会有害处。于是，问题来了，适量喝一些葡萄酒（或者含有酒精的饮料）对人的健康到底好不好呢？

当然，一个简单的回答是：适量喝一些葡萄酒是否有益于一个人的健康取决于不同的个体，对某些人来说，适量喝一些葡萄酒对健康是有好处的，对另外一些人来说则不是。那么，对我呢？能否确定适量喝一些葡萄酒对我的健康有益？如果能确定有益，多少量对我来说是"适量"呢？尽管回答上述问题可能涉及生理学、医学等具体内容，已经超出了逻辑范围，但对问题答案的理解却涉及以下重要的逻辑问题。

适量喝一些葡萄酒对我的健康到底是好还是不好，这是属于客观价值判断，具有真、假的区别。确定判断真假的依据之一是"判断是否符合客观事实"？符合客观事实的判断是真的，否则就是假的。例如，今天下雨了。真的吗？客观事实若是今天下雨了，那么"今天下雨了"这个判断就是真的；客观事实若是今天没有下雨，"今天下雨了"就是假的。这种判断确定真假的关键在于"主、客观相符"，即判断是人的主观认识，除了人的主观认识，还存在不依赖于人主观认识的客观事实：主观认识和客观事实相符，判断就是真的；主观认识和客观事实不相符，判断就是假的。哲学上，这种确定判断真假的方法被称为唯物主义。唯物主义看起来很简单，但问题在于"客观事实"这个概念在逻辑上很难说明，因为确定今天是否下雨仍然依赖于人的各种主观感觉：或者来自视觉，"我看见瓢泼大雨，路面积水，所以下雨了"；或者来自听觉，"我听见雷声轰鸣，雨点打在车窗上，所以下雨了"；或者来自触觉，"我淋个透湿，雨水顺着我的领口流下，所以下雨了"。除了各种主观感觉以外，"客观事实"完全是一种假设，甚至可以说"客观事实归根结底就是各种主观感觉的集合"。

确定判断真假的另一种依据假设并不存在"客观事实"，而仅考虑人们"普遍的共同感知"，即凡是合乎人们普遍共同感知的判断就是真的，不合乎人们普遍共同感知的判断就是假的。至于人们普遍的共同感知以外是否存在"客观事实"并不重要，也许有，也许没有，逻辑上并不给予明确的假设。这一种确定判断真假的依据不像前一种那样容易被人接受，因为这会产生以下问题：人们都认为下雨了,难道就是下雨了?很明显,人们都认为是真的未必就是真的!逻辑上确实如此。因此,在对判断真假的确定过程中,人们总是愿意假设存在一个"客观事实",以"客观事实"来确定判断的真假,尽管从逻辑上讲"客观事实"本身离不开人的各种主观感觉。

所以,两种确定判断真假的方法比较容易令人接受的是"主客观相符":主观判断符合客观事实,判断就是真的;主观判断不符合客观事实,判断就是假的。但是必须要认识到,这一确定真假的方法需要在逻辑上假设存在"客观事实",而这一假设在某些时候并不成立。这时候,判断真假的依据只能是"人们普遍的共同感知"。例如在一些国家或地区,对于一个犯罪嫌疑人到底是否犯罪的断定依赖于控辩双方的法庭辩论,控辩双方都陈述有利于自己一方的事实:控方要证明犯罪嫌疑人"事实上"犯罪了,而辩方要证明犯罪嫌疑人"事实上"没有犯罪。最终犯罪嫌疑人是否犯罪了呢?由陪审团决定。陪审团一致或者多数成员认为犯罪嫌疑人有罪,那么犯罪嫌疑人"事实上"犯罪了;如果陪审团一致或者多数人认为犯罪嫌疑人没有犯罪,那么犯罪嫌疑人"事实上"就没有犯罪。很明显"事实上是什么"依赖于"陪审团共同的或者多数人的感知"。尽管可以武断地认为"客观事实"和"共同的感知"两者没有区别,即"共同的感知"来源于"客观事实",但很明显这是两个不同的概念,两者存在差异。正是因为两者存在差异,所以,在法庭上,控辩双方都知道"客观事实是什么"并不重要,重要的是给陪审团创造"普遍的共同感知",只要创造了普遍的共同感知,便创造了"客观事实"。于是,在法庭庭审结束后,有可能会有冤假错案。

法院庭审的错误案件也许最终还能通过确定客观事实,拨乱反正,为蒙冤者平反昭雪,这也从而说明"客观事实"与"普遍的共同感知"之间的区别。但在历史、社会等众多领域中,"客观事实"即使存在,但只要涉及价值利益因素,"客观事实"便不重要,重要的是"普遍的共同感知",这时候,确定判断真假的依据最大限度地依赖于后者而非前者。

难道我们不能认为"人们普遍的共同感知"就是客观事实,或者来源于客观事实吗?日常思维可以简单地这样认为,但在逻辑上缺乏有效的证明。因为不同的人基于自身价值立场和特殊偏好对于历史事实的记载很难做到完全客观,所以我们面对的历史资料本身就是人们感知的记录,而非客观事实的全面而真实的描述。据说,韩国人认为"筷子是韩国发明的",他们还想将端午节和中秋节作为韩国的非物质文化遗产,向联合国有关部门申报。中国人听了很愤怒,因为在中国人普遍的共同感知中,"筷子""端午节""中秋节"都是中国的历史文化遗产,与韩国完全无关。当然,韩国人的普遍的共同感知可能正相反。中、韩两国历史学家肯定都能找出相应的历史资料证明各自的观点,而且两国民众都相信本国历史学家的证明,并且无论中国人还是韩国人都会将本国"普遍的共同感知"作为客观事实,尽管从逻辑上来讲,这种争论很难有明确的结果。当然,作为中国人,我个人认为"筷子""端午节""中秋节"就是中国古代文化遗产,同时我也知道,我的这一观点也来源于我作为中国人所拥有的"普遍的共同感知"。

回到本篇最初的话题,喝葡萄酒到底对人的健康是否有益?一种说法是,葡萄酒就是液体黄金,内含多种维生素和氨基酸,既然维生素和氨基酸对人的健康这么重要,喝葡萄酒的重要性也就不言而喻了。关键问题是,即使维生素和氨基酸对人的健康有益,也不等于"葡萄酒就是维生素和氨基酸"更不等于"喝葡萄酒对人的健康有益"。另一种说法是葡萄酒也是酒,酒精对人不仅无益而且有害,哪怕一点酒精也是有害的。这种说法的根据是酒精对人有害,从"酒精对人有害"而"葡萄酒中有酒精",所以"葡萄酒对人有害"。关键问题是,葡萄酒中是有酒精,但是还有酒精以外的其他物质,其他物质是不是对人有益呢?即使酒精对人有害,其他物质对人的益处是否超出酒精对人的害处呢?当然,上述两种说法的证据不是我上面所引述的这样简单,两种说法都有强大的"数据支撑"和"科学基础",都有相应的生理学家和营养学家作为后援团,这足以使一般民众感到震撼和信任:不相信任何一方都是不相信科学。然而以上两种说法是矛盾的,无论相信哪一方都会否定另一方而堕入"不相信科学",这如何是好?

我作为普通人,无法完全理解两种矛盾说法中的生理学和营养学有关术语,因此,接受"适量喝葡萄酒对人的健康有利"或者"只要喝一点葡萄酒对人的健康都有害"这两种观点中的任何一种都缺乏逻辑上的合理性,所以对上述问题,我的回答只能是"我不知道"。同时,对以上两种相互矛盾的说法,我高度怀疑争论的背后也许根本就不涉及"客观事实"，而只是一些"卖葡萄酒的（连带卖维生素和氨基酸的）人"和"不卖葡萄酒的人"都在努力创造并维护他们所认可的一种"普遍的共同感知"罢了。

现代社会中，巨大的商业利益促使利益相关者积极地通过创造"普遍的共同感知"来制造"客观事实"。"读书有利于一个人的成功""学历高的人机会多""酸奶对人的健康有利""要多喝牛奶才健康""电饭锅的革新可以使三高人群放心吃米饭"……这些观点背后都有相应的"科学论证"和"数据支撑"让人信服，于是这些观点就逐渐成为人们"普遍的共同感知"，继而变成了"客观事实"。人们必须清醒地认识到，这些所谓的"客观事实"很可能就是一些不能断定真假的谬误，是一些利益相关者获取利益的手段。

所以，对判断真假的确定，我们必须了解两种不同的依据：一种是"客观事实"，另一种则是"普遍的共同感知"。后者不同于前者，在诸多历史和社会领域，我们无法真正把握"客观事实"，这样，我们对这些领域相关判断进行真假判别的依据就不是"客观事实"，而是"普遍的共同感知"。由于这种"普遍的共同感知"可能被利益相关者操纵，因此每个人保持独立思考能力尤为重要，这种能力要求我们脱离"普遍的共同感知"，去反思那些我们已经习以为常的说法，有了这种能力，一个人便迈出了走向智慧的关键一步。

最后，回到篇首，适量地喝点葡萄酒是不是对我的健康有好处呢？我确实无法判断。

---------- **本 篇 小 结** ----------

（1）对判断进行真假判别的一种依据是假设存在客观事实，判断与客观事实相符便是真的；判断与客观事实不符便是假的。但是，很难证明"客观事实"存在，因为"客观事实"实际上是我们对世界的各种主观感觉，脱离主观感觉的客观事实只是一种假设，无法证明其存在。

（2）另一种对判断进行真假判别的依据并不假设存在客观事实，而仅考虑人们普遍的共同感知，凡是与人们普遍的共同感知相符的判断就是真的，凡是与人们普遍的共同感知不符的判断就是假的。这种判断真假的方法在逻辑上的困境是，即使人们对某一事件都具有的共同感知，但这一事件未必就是真的。所以，人们即使以"普遍的共同感知"来判断真假，也会引入"客观事实"的假设。

（3）在对判断进行真假判别时，"客观事实"和"普遍的共同感知"是有区别的，这种区别尤其体现在历史和某些社会领域之中。由于"普遍的共同感知"不同于"客观事实"，所以无论在传统的专制社会还是在现代社会中的某些领域，利益相关者为了获取收益，经常通过控制信息以创造"普遍的共同感知"来影响他人。

（4）要理解"普遍的共同感知"和"客观事实"存在区别，对任何习以为常的观点要具有独立思考的能力，这是逻辑思维基本而重要的要求。

13

对"谣言"的逻辑分析

"谣言"这个词在日常生活中耳熟能详，但是什么是谣言呢？产生谣言的原因是什么？如何合理地区分谣言和非谣言？以上几个问题的完整回答涉及法律、大众心理学等各门学科，绝非逻辑所能全面解决的。因此，本篇的分析仅限于对"谣言"进行逻辑分析，当涉及其他学科时，尽可能一带而过。

先对"谣言"进行概念分析。查询词典，谣言是没有事实根据的消息。从判断上讲，谣言就是假话——假的判断，即与客观事实不符的判断。例如，中国政府规定每年的 5 月 1 号是劳动节，并且放假一天。有消息说"2020 年 5 月 1 号劳动节取消，不放假"，事实上并非如此，该消息就是谣言。第一个说出谣言的人是谣言制造者，听了谣言以后，将听来的谣言转述给别人，转述者是谣言传播者，听信谣言并有所行动因此受到损害的人为谣言的受害者。谣言的受害者一般也是传播者，他们即使没有口头传播，但是用行动表示自己相信谣言，这种行动对谣言的传播作用更大。

进一步分析，可以对谣言制造者、传播者又划分成两种：一种是自己不相信谣言，却有意地制造和传播谣言（虚伪的造谣者、传谣者）；一种是自己相信谣言，并因此制造和传播谣言（真诚的造谣者、传谣者）。

第一种，虚伪的造谣者和传谣者，他们自己并不相信谣言，只是出于某种目的制造和传播所听到的谣言。这种谣言制造者和传播者说的是假话，并且自己也不信这些假话。他们制造和传播谣言可能出于某种目的，如获取某种利益，包括物质利益（金钱、商品销售等）和精神利益（获取社会关注、显示一种信息优势等）、报复特定的对象等。毋庸置疑，这种虚伪的造谣者和传谣者，其行为在我国已经属于违法或者犯罪行为，是法律讨论的内容，本篇不再赘述。

第二种，真诚的造谣者和传谣者，他们真诚地相信自己制造和传播的谣言，没有出于特定目的，只是进行正常的信息沟通和交流，他们的行为可以进一步给予分析。

首先，人们为什么会"真诚地"制造和传播谣言？这往往是由于信息传递过程中的"误解"。"谣言"最初并非谣言，由于人们在信息交流和沟通过程中的不能正确理解对方的含义，信息传递失真，于是谣言慢慢出现。下面"1973年日本丰川金库挤兑事件"是这一种情况的典型案例①。

---

① 案例根据"疫情谣言之下日本人开始疯抢卫生纸，连公厕的纸都被偷光了？！"一文中的案例编辑整理。https：//www.sohu.com/a/377504401_181028。

更智慧地理解世界

1973 年 12 月 8 日，3 位乘坐电车去上学的女高中生在车上闲聊提及毕业后的工作想法。女生甲说："我已经决定要去丰川信用金库工作了。"女生乙听了以后说："可是信用金库的未来不太妙吧？"

女生乙的意思是，信用金库这种地方性的小型金融组织，未来发展或许不如全国都有分行的银行，她只是想表达，女生甲选择去信用库工作未来的职业发展前景有限而已。然而听着两位女生交谈的第三位女生丙并没有领会，对这句话的含义有所误解。

回家后，女生丙将朋友之间的完整对话有所省略后，就问她姑姑："听朋友乙说，朋友甲要去就职的丰川信用金库不太妙，这是真的吗？"她的姑姑于是就这个问题，带着疑问的口气去问自己的嫂嫂："听说丰川信用金库不太妙是真的吗？"

接着，嫂嫂又略去了疑问的语气，直接以推测的语气跟她的美容师说："听说丰川信用金库不太妙喔！"美容师在美容院里与客人闲聊时，又提及这个话题。美容院的客人中，有洗衣店的老板娘，她此前因为其他银行破产损失不少，所以对此话题非常敏感，感到不安的洗衣店老板娘便在洗衣店里不断和客人说"丰川信用金库好像不妙啊"，希望以此能得到进一步的信息，于是传闻渐渐扩散开来。

最后，燃气店老板的普通之举，意外引爆了谣言。1973 年 12 月 13 日，燃气店老板来洗衣店借用电话，让人从丰川信用金库取出 120 万日元，他取出的这笔钱不过是用来支付正常生意中的账单而已。但是听到燃气店老板的电话，洗衣店老板娘吓坏了，她

98

连忙联系老公和朋友："马上去丰川信用金库把钱取出来，丰川信用金库挺不住了。"

"丰川信用库挺不住了！"当人们在丰川信用库门前排起长队，要求取出存款时，谣言被"确认"了，更多的储户陷入恐慌，前来排队取现。1973 年 12 月 14 日，丰川信用金库爆发挤兑，只不过一天时间，就被蜂拥而来的客户领走 26 亿日元！

此时距离最初三位女生的闲聊，仅仅过去了 7 天时间。

后来警方展开调查，找到了谣言的源头，也就是那三位女生。但是因为这三位女生的闲聊本身并无恶意，他们最初所言"信用金库的未来不太妙吧？"在含义上也并非最终谣言的含义，谣言是后来这句话在不断传播中、不断被误解而形成的，所以她们并没有犯罪。

1973 年三位高中女生的闲聊导致银行金库被挤兑，那时候人们的信息交流形式往往以面对面居多，这种形式下的信息传递速度较慢。时至今天，人们有了手机、微博、微信等网络交流工具，信息传播速度与当时相比完全不可同日而语，一旦出现谣言，将对社会的影响更大、更广。可以说，过去人们对谣言没有什么感知，以为无中生有、道听途说一下，也没什么大不了；那么在现代社会中，人们必须从根本上改变观念：谨言慎行已经成为现代社会的基本行为规范。

但问题又来了，谨言慎行的限度是什么？我们既要反对谣言，同时又要倡导、塑造自由表达的环境，不能以"诉诸谣言"来有意限制人们彼此间的自由表达。"诉诸谣言"是一种逻辑谬误，它是指将所有与"终极真理"不符的判断、不能确定真假的判断和与某种观点不符的判断都斥责为谣言。"诉诸谣言"是压制人们自由表达、传播信息、有效沟通的手段。

有哪些做法属于"诉诸谣言"？从谣言的定义来看，谣言是与客观事实不符的判断。但是"客观事实"是什么呢？当人们还不知道客观事实的时候，又如何确定某一种判断是不是谣言呢？理论上来说，人们最终可以获得对"客观事实"的全面认识，这表现为一种"终极真理"，但是人们对客观事实的认识和判断总是在一定时间和空间下做出的，人们的认识和判断总会具有一定的局限性。与"终极真理"相对照，人们现实的认识和判断总是具有"一定程度的不符"，不能机械地将这种"不符"作为谣言的依据。例如：

警察：你在环球广场火灾案的报道中造谣，现在对你实施行政拘留。

记者：我怎么造谣了？环球广场确实发生了火灾，我对火灾原因分析是线路老化，火灾中有人员伤亡，造成了重大财产损失。这些内容哪一项是造谣？

警察：这些都是事实。但是，你的报道中，火灾死亡人数是多少？

记者：25人。

警察：错了！实际是24人。另外，你在报道中说火灾造成至少10亿元的财产损失，而据保险公司核算，火灾因为扑灭及时，最终损失不超过8亿元。无论死亡人数还是财产损失，你的报道都与事实不符。所以，可以确定你造谣。

记者：这个死亡数据和财产损失是在火灾现场报道时，我根据消防局的判断得出的，尽管与您现在所说的，也就是事后得到的精确数字相比，确有出入，但您也不能就说我就是造谣呀！

警察：你的报道数据不准，证据确凿。有什么话，跟法官说吧。

上面对话中的记者造谣了吗？如果是机械地根据"谣言是与客观事实不符的判断"的话，记者好像造谣了。但是由于"客观事实"本身并不是真正的"客观"，我们判别一句判断真假所依据的"客观事实"永远只是我们目前"对客观事实的认识"。尽管理论上这种"对客观事实的认识"可以达到"终极真理"的地步，但我们不能机械地依据"终极真理"来确定某一阶段的"不精确"甚至错误的判断就是谣言。就像历史上，早期人们完全不理解天体运行的原理，那时候谁要说"我们居住在不停转动的地球上"肯定被认为这是谣言；以后，人们认识到地球自转，这时候，"我们居住在不停转动的地球上"变成了真理，但当时人们还认为"太阳绕着地球转"，布鲁诺就因为传播"地球绕着太阳转"的"谣言"而被烧死了。在某一阶段，人们对客观现实的认识只是一定范围和深度的认识，不能因为人们有了更深、更广的认识就以此认为人们早期认识所形成的判断就是谣言。上面对话中的警察以最终确认的火灾死亡人数和财产损失为依据，认定记者在火灾现场的报道属于谣言，这就是典型的"诉诸谣言"谬误。

"诉诸谣言"这种谬误在某些情况下比制造、传播谣言对社会生活影响更大，由于客观事实本身在很多情况下不能确定真假，"诉诸谣言"很容易被一些人别有用心的人所利用，这时候，人们生活中正常的交流和沟通都被阻碍。

警察：根据甲的举报，你对甲具有不实言论，属于造谣。

乙：我对甲没有说什么不实言论呀？

警察：甲举报你曾经说过"甲是秃子，并且甲与其妻感情不和"，甲对你说的情况都予以否定，你的言论是不实言论，属于造谣。

乙：甲是我的邻居，您如果认识他应该能够看到他头发的多少，他和妻子经常吵架，严重影响我的休息，所以我说他们夫妻感情不好。

警察：甲的头发数量和密度确实较少，但是否可以说他是"秃子"有待商榷；你确实投诉过甲夫妻吵架影响了你的休息，但是他们夫妻是否感情不好这也有待于商榷。你所说的话都不能确定为真，所以可以认定你涉嫌制造、散播不实言论、属于造谣。

对话中的场景是虚构的，但是在现实生活中，某人吃了某种食品后腹泻，他能证明"食品卫生有问题"？某人服用药酒后肝功能出现损伤，他能证明"药酒有害"？一个人很难证明这些，但这不意味着，他就不能公开发表言论来表达自己的质疑。正常的社会不仅要允许人们表达质疑，更要警惕那些无良的文人、腐败的官员、出售不合格食品的店家、贩卖有毒药酒的厂商等别有用心者以"谣言"对受害者和社会公众进行恐吓和压制。

-------------------------------- **本 篇 小 结** --------------------------------

（1）谣言是指与客观事实不符的判断。一种情况下，人们不相信谣言，却出于某种目的有意制造和传播谣言，其原因可能为了获取利益，包括物质收益和精神收益，或者出于报复特定对象，这种行为属于违法或者犯罪行为，不在本篇分析之中。

（2）人们之所以相信谣言并真诚地传播谣言，往往是由于信息传递过程中人们之间的误解，从而导致信息传递的失真。

（3）现代社会，由于信息传递的范围和速度都远超过去，因此谣言对社会的影响和危害很大，人们必须谨言慎行。

（4）反对谣言的同时，要注意防止"诉诸谣言"这种逻辑谬误。诉诸谣言是指将所有与"终极真理"不符的判断、不能确定真假的判断、与某种观点不符的判断都斥责为谣言。

（5）一个正常、健康、自由的社会，既要认识到谣言对社会的危害，自觉抵制谣言，更要认清"诉诸谣言"的危害，它会导致全社会民众的正常交流和沟通受到限制和阻碍。

14

"误解"是一种普遍的现象

谣言产生的一个重要原因是误解。在影视剧和小说等文学作品中,男女主人公经常会因为误解而发生矛盾,相应故事情节便随着误解展开,我们作为旁观者时常为他们的误解而着急,这么简单的事情怎么都说不清楚或者听不明白?这种着急事实上是"高估自我"了,因为当我们身临其境时,可能会误解更多。作为旁观者,说不定我们对文学作品中的这段情节本身就存在误解,因为从逻辑上讲,"误解"是一种普遍存在的现象,一不小心,人们就会产生"误解"。

所谓"误解"是指在交流、沟通过程中,一方(甲)所表达的含义是A,而另一方(乙)所理解的含义是A′,两种含义A和A′之间存在不同甚至矛盾。误解不同于歪曲(或者篡改),误解是乙确实将甲所说A理解为A′,他的错误理解是客观的或者说是真诚的;而歪曲(或者篡改)则是乙已经理解了甲所说的A,但是他有目的地将此错误地理解为 A′，这种错误的解释是虚伪的，不是误解。例如：

甲：所有与会者都赞同您的建议，但有一些人并没有参加会议，所以不清楚这些人的态度，不过我认为您的建议非常好，不会有人反对。

乙：您可能是在安慰我，我想您的意思是那些没有参加会议的人由于完全不知道我的建议是什么，所以，他们很可能会反对我的建议。

甲：我并不是在安慰您，尽管我确实不知道那些没有参加会议的人的真实想法，更无从知道他们是否了解您的建议。

乙：谢谢您告诉我真的情况，确实有人反对我，我已经做好了准备。

甲：我再次说明，我仅知道与会者都赞同您的建议，我并不清楚……

乙：好了，我清楚了。

上述对话中，甲的话并没有"有人反对乙建议"这一内容，但是乙却真诚地这样认为，乙对甲所表述的观点有所误解。

甲：所有与会者都赞同您的建议，但有一些人并没有参加会议，所以不清楚这些人的态度，不过我认为您的建议非常好，不会有人反对。

乙：那您的意思是所有人都赞同我的建议了？

甲：我不是这个意思，尽管我也希望所有人都赞同您的建议。但我并不知道那些没有参加会议的人的真实想法，甚至无从知道他们是否了解您的建议。

乙：就算有些人没有参加会议，但不管怎么说，您已经告诉我所有人都赞同我的建议了，您对此也很高兴。谢谢您。

甲：我不是这个意思，我已经说了有些人并没有参加会议，他们的想法还无从得知，所以……

乙：好了，包括你在内的所有人都赞成我的建议，就这么定了。

上述对话中，甲的话并没有"所有人都赞同乙的建议"这一内容，并且乙也清楚地知道这一点，但却仍然强调甲有这个意思，用一句俗语来说，乙就是"揣着明白装糊涂"，他对甲的话不是误解，而是歪曲。

怎么区分"误解"和"歪曲"呢？误解一般不存在明显的逻辑漏洞，当误解者由于误解而遭受某些损失的时候更可因此确定交流过程存在某种误解。而歪曲者一般存在明显的逻辑漏洞，歪曲者往往会因为歪曲而获得某种收益。例如：

学生：教授，我的期中成绩是优，而期末成绩是良，最后总评您为什么只给我良。您不是说总评成绩取期中或者期末成绩较高的吗？

教授：我的意思是，总评成绩取期中或者期末成绩中的一个，但以最近的成绩为主。所以，理论上说，如果你仅有期中成绩，那么你的总评成绩就是优。但是你也有期末成绩，却是良，这样，你的总评成绩便是你的期末成绩，所以，你的总评成绩是良。

学生：啊？那么我在获得期中成绩以后，不必参加期末考试，没有期末成绩的话，总评成绩也就是优了？

教授：是的。我总评成绩取最近成绩是希望期中成绩不佳的学生，在期末考试中能努力，从而能获得更好的总评成绩。既然你期中成绩已经很好，是不必再"冒险"参加期末考试的。

学生：您的这个规定我未理解，我参加期末考试实在是费力不讨好呀！

从上述对话可以确定，学生对教授关于总评成绩的规定有误解，如果没有误解，这位学生就不会这样"费力不讨好"地参加期末考试了。

司机：为什么要收我滞纳金？交通法规不是说可以网上缴纳罚款吗？

警察：滞纳金是对你没有在规定时间内缴纳罚款的处罚，这与网上缴纳罚款没有关系。

司机：正因为网上缴纳罚款我无法办理，所以才没有及时缴纳罚款。

警察：你在网上缴纳罚款不能及时办理时，是否看到提示：由于超出缴纳期限，需要柜台办理？如果你没有注意到提示，那你肯定知道自己网上办理并未成功，而你是否清楚缴纳罚款是有期限的？

司机：我并不清楚缴纳罚款的具体期限。

警察：关于缴纳罚款的期限是交通法规明确公布的内容。每一位司机都必须知道交通法规，你作为司机却不知道交通法律，这种情况可能比你缴纳罚款超过期限更严重了。

司机：其实我知道，说不知道只是开个玩笑……

上述对话中的司机对交通法规缴纳罚款的规定不是误解而是歪曲。

尽管理论上可以通过对一个人陈述中的逻辑性和相关行为所涉及的收益、损失分析来辨别他是"误解"还是"歪曲",但现实生活并非如此简单。一些人说的话即使逻辑清晰,并且行为在后果上有明显的损失,他也可能对他人观点进行有意歪曲;相反,一些人说的话就算逻辑混乱,而且行为在后果上有好的收益,他也可能只是对他人观点存在真诚的误解。一般而言,随着社会道德水平逐渐提高,有意歪曲的可能性会越来越少,但无意地误解却总会普遍存在。

为什么无意地误解仍然相当普遍呢?误解的实质就是交流过程中信息的失真。这种失真包括以下 3 种基本形式:多于原信息;少于原信息;异于原信息。

多于原信息失真是指,甲陈述的含义是 A,A 包括 A1、A2 和 A3 三条信息,乙将此理解为 A',A' 包括 A1、A2、A3 和 A4 四条信息,A' 所包含的信息比 A 多了 A4。多于原信息失真造成的误解往往是信息接收者自身联想或者对原信息加工的结果。例如:

老师:你通知所有学生下午 1 点到学校大礼堂参加表彰大会,三好学生代表带好发言稿。

班长听了后,向全班学生通知:所有学生下午 1 点到学校大礼堂参加三好学生表彰大会,三好学生代表带好发言稿准备发言。

班长对老师观点存在误解,老师并没有说什么表彰大会,而班长却认为是"三好学生表彰大会",这是班长将"表彰大会"与"三好学生代表准备发言稿"结合后联想的结果。

少于原信息失真是指,甲陈述的含义是 A,A 包括 A1、A2 和 A3 三条信息,乙将此理解为 A′,A′ 包括 A1 和 A2 两条信息,A′ 所包含的信息比 A 少了 A3。少于原信息失真造成的误解往往由于信息接收者对原信息的某些内容不感兴趣或者疏忽造成。例如:

教授:你告诉所有学生,除非有特殊理由,否则必须参加期末考试,成绩合格才能获得这门课的学分。

班长听了后,对所有学生通知:所有学生都必须参加期末考试,成绩合格才能获得这门课的学分。

班长可能对教授的"除非有特殊理由"不感兴趣,所以在传递信息过程中,将教授原话中的这一句省略了。

异于原信息失真是指,甲陈述的含义是 A,乙将此理解为 A′,A′ 与 A 的差别不是信息数量的多少,而是 A′ 和 A 在内容上完全不同。异于原信息失真的误解一般是因为原信息的含义与信息接收者所理解的含义存在相似性,从而导致信息接收者对原信息产生误解。例如:

科学家:目前尚没有充分的证据证明进化论的科学性,换句话说,进化论可以解释一部分自然现象,但是,自然界尚存在大量现象,按照进化论是得不到有效解释的。

记者:您的意思是进化论是伪科学?

科学家:我不是这个意思。

上述对话中，科学家的观点是"没有充分证据证明进化论的科学性"，这与"进化论是伪科学"不同，但两者含义极容易混淆，这导致记者误解了科学家的观点。

以上三种形式的误解普遍存在于社会生活中，究其根源，既有信息发布者的原因，也有信息接收者的原因。

信息发布者有意或者无意采取以下两种做法都会造成误解：第一是采用逻辑含义模糊的词或句；第二是错放重音。如果信息发布者有意造成信息接收者误解，逻辑上称之为误导。在现实生活中，最常见的误导是采取模棱两可的词或者句对信息接收者所进行的误导，例如：

商家：现代社会中，人的压力大，所以你需要购买这款有助于缓解您压力的健康仪。这款健康仪不仅能有效缓解压力，而且对血压、血脂、血糖保持正常都有良好的作用。

消费者：我是不是使用了这台健康仪，血压就正常了？

商家：血压与很多因素有关，健康仪对保持您血压正常的作用是毋庸置疑的。

以上对话中，商家完全没有说明健康仪对于消费者的血压正常到底起到什么具体作用。他是用一种似是而非的语言传递没有明确涵义的信息，至于信息如何理解，在于信息接收者自己的想法和经验。过去经验老到的算命先生正是用这种方法为处于迷茫中的芸芸众生指点迷津的。

"错放重音"是另一种误导信息接收者的方法。在对话过程中，信息接收者的注意力会集中到传递者重点强调的内容而忽略其他内容，基于这一点，信息传递者可以通过有目的地强调某些信息从而误导信息接收者。例如：

甲：这次会议，我们讨论了很多议题，包括你的晋升问题。老赵在许多问题上持反对的态度。（下划线内容是甲叙述中重点强调的地方）

乙：果然不出我所料，又是老赵反对我。

甲：我没有这样说哦，不过你心里明白就行了。

从信息接收者来看，误解产生的原因可以说都是主观的。有些误解是由于信息接收者不细致，对信息听错、理解错所导致；有些是误解是由于信息接收者过于自信，对模棱两可的语言没有辨析，完全按照自己的理解所导致；有些误解是由于信息接收者在专业、兴趣等方面与信息表述者存在不同而导致。尽管造成信息接收者误解的原因都是主观的，但误解仍难以避免。正如人们不小心遗失物品，其原因可以说都是主观疏忽，但即使知道这一点，一个人却很难做到任何情况下都不遗失物品。

既然误解难以完全避免，那么逻辑上又有什么建议呢？

为了在重要情况下减少甚至杜绝可能的误解，人们在交流过程中，最好选择面对面交流，而不仅仅是选择打电话或者写信、微信、短信等非面对面的交流。在面对面的交流过程中，彼此的面部表情、语音语调都有助于正确理解对方语言的含义；同时，在交流过程中要保持谨慎，对模糊的词、句不要自己随意理解，要请对方做出明确的解释；如果自己做出了解释，要把自己的解释向对方重复一遍以得到确认。

逻辑是交流、沟通的规则，为了更有效地交流与沟通，我们需要遵循逻辑，但是遵循逻辑并不能完全杜绝交流、沟通中可能产生的误解。因此，要正视可能产生的误解，理解误解产生的原因，并且知道如何有效地避免它。

------------------------- **本 篇 小 结** -------------------------

（1）"误解"是指在交流、沟通过程中，一方（甲）表达的含义是 A，而另一方（乙）理解的含义是 A'，A 和 A' 之间存在不同甚至矛盾。误解不同于歪曲（或者篡改），误解是客观的或者说是真诚的；而歪曲（或者篡改）则是有目的并且虚伪的。

（2）现实生活中区分误解和歪曲可以依据① 错误的理解是否合乎逻辑；② 错误的理解所涉及的收益或者损失。以上区分依据只是理论上的，现实生活中对两者明确区分较难。一般来说，随着社会道德水平的提高，有意的歪曲会逐渐减少，但无意的误解总会普遍存在。

（3）误解的实质就是在交流过程中产生的信息失真。这种失真包括三种基本形式：多于原信息失真；少于原信息失真；异于原信息失真。

（4）信息发布者有意或者无意采取模糊的词、句和错放重音会造成信息接收者的误解，这是信息发布者在误导；对信息接收者来说，尽管误解的原因都是主观的，但与一个人遗失物品类似，难以完全避免误解。

（5）为了在重要情况下减少甚至杜绝可能的误解，人们在交流过程中，最好首先选择面对面交流而不仅是打电话或者写信、微信、短信等非面对面的交流。在面对面交流过程中，彼此的面部表情、语音语调都有助于正确理解对方语言的含义；同时，在交流过程中要保持谨慎，对于模糊的语言自己不要随意理解，要请对方做出明确的解释；如果自己做出了解释，要把自己的解释向对方重复一遍以得到确认。

15

"循环"不是智慧而是另一种逻辑上的无意义

所有事实判断都或真或假，但具有以下形式的事实判断"A 是 A"却永远是真的。逻辑学将具有这种形式的事实判断称为"永真式"。但是这种"永真式"在日常生活中却是一种逻辑谬误，称为"同语反复"（又称"循环判断"）。具有循环判断类似"循环"特点的谬误还有"循环定义""循环论证"和"循环因果"。例如：

甲：那辆卡车的车头为什么是歪的？

乙：那是因为工人们需要将车头放下，以便修理。

甲：这辆卡车看起来很新，为什么要修理？

乙：因为卡车就算看起来很新，但是内部有故障，所以要修理。

甲：为什么看起来这么新，内部却有故障？

乙：你看，车头都歪成这样了，所以内部肯定有故障。

甲：……

上述对话中的甲、乙的问答概括来说就是：为什么车头是歪的；因为……，车头是歪的。乙的回答永远是"真的"，在任何情况下都立于不败之地。这种形式的回答对于思路简单的提问者都能有效应对，看起来充满"智慧"，实则却是诡辩。

曾经有人用一只大木笼，装了一只鹿，一只獐，送给王元泽的父亲王安石。当时王元泽还是个小孩子。送东西的人问王元泽："你看，这笼子里的动物，哪只是鹿？哪只是獐？"王元泽不认识獐，也不认识鹿。他想了一下回答说："鹿旁边的是獐，獐旁边的是鹿。"大家听了都拍手叫好，纷纷夸奖王元泽机智过人。

这个故事流传很广，人们忽略了其中的逻辑谬误，将诡辩当成了"机智"。事实上，王元泽最简单并且合乎逻辑的回答应该是"我不知道"，然后，询问并学习如何区分鹿和獐，这样便可以避免无知与诡辩。历史上的王元泽如果没有像故事里所叙述的那样"机智"的话，他的成就也许不输其父王安石，而不仅仅是以这样一个诡辩小故事中的主角流传于史了。

本篇将具有"A是A"这种形式的命题、定义、论证和因果陈述等统称为"循环"。循环在逻辑上既是"永真的"，也是"无意义的"，它不能为交流双方传递任何新的信息。除了上面故事中王元泽为了回避无知而进行循环回答以外，循环可能源于概念本身的模糊性，这种模糊性导致循环定义概念。循环定义是指对一个概念进行定义时直接或者间接使用被定义的概念，直接循环如将"经济学"定义为"研究经济的学问"；间接循环如下面的对话：

甲：这道菜的原材料很容易找到，但是关键在于配料和火候，配料中的糖和盐一定要适量。

乙：糖和盐适量，"适量"具体是多少？

甲：这要看原材料是多少，适量就是要做到与原材料的总量合理匹配。

乙：如何做到与原材料的总量合理匹配？

甲：适量。

乙：……

对话中，甲对"适量"的定义是"与原材料的总量合理匹配"，而"与原材料的总量合理匹配"的定义又是"适量"，这就是间接循环定义。不管是哪一种循环定义，含义模糊的概念都没有得到明确说明，不能起到有效沟通、交流的目的，这些都是逻辑上的谬误。这种谬误如果进行扩展，就会有更复杂的"循环论证"。循环论证尽管具有多种形式，但其基本结构如下：

为什么有 A？因为有 B；为什么有 B，因为有 C；为什么有 C？……因为有 ×；为什么有 ×，因为有 A。

论证的链条越长，论证的工作量越大，论证的结构越不易显现，这样就越不易发现其中存在"循环"的谬误。相当多的学术论证、研究，尤其在社会科学如经济学和管理学方面的论证、研究，充斥着上述循环论证，这些论证、研究尽管看起来工作量庞大，但是其循环没有任何价值。例如：

甲：人类是由猿进化而来的，您是怎么证明这一结论的呢？

乙：证据有很多，其中突出的一条就是解剖学的发现，猿与人类具有相当多的共同点，包括生理和心理方面的共同点，这些共同点的存在，证明了人类是由猿进化而来。

甲：确实有很多证据证明人类与猿具有多方面的相似特点。但是如何解释这些相似特点呢？尽管生物学从基因角度说明人类和猿的基因具有 98% 的相似度，但怎样合理解释这种相似呢？

乙：解释很简单，人类是由猿进化而来的！

乙用"人类和猿存在很多共同点"作为"人类是由猿进化而来"的证据，而这一证据的理由，又是因为"人类是由猿进化而来的"。以上乙的论证就属于典型的循环论证。

循环论证这种谬误在一定程度上反映了"确定观点"和"寻找证据"先后顺序之间的两难。在一个论证过程中，合乎逻辑的做法应当是，先以客观事实作为证据，根据对这些客观事实做出研究，得出相应的观点。但是，由于客观事实纷繁复杂，无目的地观察和收集材料，工作量巨大，难以完成。所以很多时候，研究者都是先假设结论，在此结论下确定观察、收集客观事实的范围，同时确定相关指标并收集确定范围中的材料和数据，再对数据进行分析，并以此来证明结论。这一过程存在的缺陷就是，观察与收集获得的都是与结论相关并且有利于证明结论的材料、数据，与结论无关或者对证明结论不利的材料和数据被无意甚至有意忽略了。现代经济学和管理学等学科的"研究"，现在一般都会使用复杂的数学模型和高深的数据分析，这有可能使上述"研究"由结论到材料和数据的缺陷被掩盖，例如：

教授：我经过严格的数学分析，得出一个地区的房地产价格与当地适龄而未婚人口数量、当地已婚家庭孩子的平均数量、当地在职职工的平均工资、当地大学及其在校学生数量都具有明显的正相关关系，下面我来解释这些关系……

学生：抱歉打断一下，教授。您如何在开始研究时确定数据收集的方向呢？显然，为了研究某地区的房地产价格，可能要研究很多内容，而您的结论涉及当地适龄而未婚人口数量、已婚家庭孩子的平均数量等，这些研究看起来很新颖，但是最初您是怎么想到研究这些变量的，并由此确定收集这些变量的数据呢？

教授：我是先假设这些变量有关系，正如某位学者所说，要大胆假设，小心求证。在此假设的基础上，我先确定研究的范围，并在此范围中建立了相应的指标，对这些相应指标的相关数据进行收集和整理，最终经过计算确定这些指标之间的关系，然后再解释为什么这些指标具有上述关系。

学生：但是您在确定指标时就已经有了相关结论。与您说的研究主题可能有关的指标可以说是无穷多的，尽管无法研究无穷多的指标，但是我仍然想知道的是，为什么能在几乎无穷多的指标中，您会选择目前有限的这几个，并且有限的这几个指标通过计算就得到了彼此之间的有效联系？①

上文教授和学生的对话，反映出当前相当多的学术研究，尤其是社会科学方面的研究实际上是文字或者数学游戏。研究从前提到结论的过程往往陷于典型的循环论证之中：因为假设了 A 和 B 有关，于是收集 A 和 B 的相关数据，结果证明了 A 确实和 B 有关。那么为什么 A 和 B 都与 C、D、E……无关呢？因为可能有

---

① 教授和学生对话中的研究是虚构的，如果有类似的研究，纯属巧合，作者对实际相关研究没有明确的结论和立场。

关系指标实在太多了，只好选看起来（或者感觉）最有联系的那几个了……

正如前面所提过的，社会科学尽管被称为"科学"，但与自然科学存在本质区别。自然科学的结论，不管是发明或者发现具有可观察性和可复制性，如新的技术发明或者发现了一颗新的行星。大部分社会科学的研究只是对某种社会现象给予解释，这些研究为了在形式上具有"科学性"，最大限度地将"量化"引入其中，构建让人望而生畏的数学模型。但是对社会现象的解释不能简单地以数学模型、指标建构和数据分析来获得，数学模型再复杂也不能丧失研究方法中的逻辑性。一种研究即使确定指标、收集数据、通过计算成功得出了数据之间确实具有相关性，并且很好地解释了数据之间这种相关性的原因，仍然需要对以下问题给予有效说明：为什么选择这些指标而不是其他指标？这个说明是数学模型和数据分析所不能替代的，缺乏以上合理说明的研究，实际只是一种循环，并不是真正意义的"科学研究"。

----------------------------------- **本 篇 小 结** -----------------------------------

（1）具有"A 是 A"这种形式的命题是循环判断，循环判断在逻辑上永远为真，但是由于它没有提供新的信息，所以也是无意义的。

（2）与循环判断具有类似循环特点的谬误还有"循环定义""循环论证"和"循环因果"等，他们都属于"同语反复"这种逻辑谬误。

（3）循环定义有时候源于概念本身的模糊性；循环论证在研究过程中存在"确定观点"和"寻找证据"先后顺序之间的两难。

16

理解宏观判断的价值比辨析真假更重要

事实判断根据判断对象可以分为微观判断和宏观判断。微观判断是指判断对象为个体，数量有限，可以在某一时刻通过简单地观察来确定其真假，例如：

张三的体重有 78 千克；

李四养了一只猫和三只狗；

长江小学三（1）班一共 27 名学生，这次期末物理考试全班平均成绩是 67 分；

锡山市目前一共有四家三甲医院。

以上判断的真假可以较容易地通过简单观察来确定，例如张三的体重有 78 千克，即使张三不愿意向他人透露，但这句判断对于张三本人来说，真假是较容易确定的。而李四是否养了一只猫和三只狗，不管是李四，还是李四的邻居都比较容易确定其真假。

宏观判断是指判断对象为一个群体，数量大或者范围广，不能在某一时刻通过简单地观察确定其真假；例如：

东山市截止到 2020 年 1 月 1 号为止，一共有 4 787 669 人；

目前，海北省有精神病人大约 213 212 人；

2020 年，地球上大约有 77 亿人口；

2019 年，A 国的经济增长率高达 12%；

地球上大约有 150 万种动物。

以上判断很难简单地通过观察断定真假，或者说这些判断由于不具有可重复验证性，所以不能确定真假。这是因为宏观判断不像微观判断那样可以通过简单观察获得，它必须通过一人或多人经过调查、综合和统计才能得到。这样，争论宏观判断的真假在逻辑上没有意义。这是因为：

第一，微观判断的变量比较简单，其结论一般不依赖于"时间"，今年实验得出的结论，只要明年变量相同，实验结论就会很可能与去年基本一致。一种病毒的疫苗在去年对接种者有效，只要病毒不发生变异，这种有效性今年依然存在。微观判断可以重复验证，所以其真假可以被确定。宏观判断一般是某一时间点的调查和统计的结论，由于"时间"是重要变量，所以这种调查和统计是"一次性的"，时间发生变化，即使调查对象相同，调查结论也大相径庭。在某一时间点，一个家庭的人口很容易统计，但是这个时间点一个国家的人口，即使调查、统计出来，也无法重复验证这个数据确实就是那个时间点的真实人口。由于宏观判断无法重复验证，所以宏观判断的真假从可验证这一点来说无法确定。

第二，宏观判断的调查，即使是借助最先进的机器，个人也是无法完成的，需要数量庞大的调查员进行合作调查以获取个体数据和微观判断。这些调查员是否进行了客观、正确的调查？对他们调查获得的数据是否存在有效的核查？这些调查员在调查过程中是否存在其他目的而不是为了获得真实而客观的数据？或者这些调查员仅仅是为了完成工作以获取收入？于是，对调查员及其工作的有效管理是宏观判断结论客观、真实的重要保证。由于很难保证调查员都认真负责，对所有调查员的管理也并非完全有效，所以调查员调查所获得的个体数据和微观判断的真实性便难以保证。这样，由这些真实性难以保证的个体数据和微观判断汇总而成的宏观判断与真实的宏观现实相比，到底是"误差可控"还是"谬之千里"便谁也说不清了。因此，争论这些宏观判断的真假在逻辑上毫无意义。

第三，尽管统计学给出了各种数学模型和工具对调查数据进行处理，但是数学模型和工具仅仅是针对调查获得的数据进行处理和修正，这不能代替数据本身。另外，获取这些数据的过程是否符合逻辑？被调查者是否真实地记录了客观情况？如果不是普查，调查对象的选择是否具有调查所要求的随机性和代表性？作者在大学时曾经参与一个社会调查，在调查前先上岗培训，在培训中，除了项目主持人介绍调查背景、目的和程序以外，重点是有经验的老调查员传授经验：

老调查员：此次调查时间短，任务重，若有效完成一篇问卷给调查员的报酬是 10 块钱，所以，每个人每天有效完成的调查问卷越多，对项目完成和大家的收入都好。

新调查员：那么怎么最快而有效地完成调查问卷呢？

老调查员：要尽可能找年轻人，他们理解和回答问题较快。在调查前，最好先送出准备好的礼物，这样拿了礼物的人就不好意思拒绝回答了。最重要的是回答问卷的人要签名和给出真实的电话号码以备复查，如果没有礼物，就算他回答了，但他也可能不给真实的姓名和电话。

新调查员：至少要求调查 1/3 的中老年人，年龄要在 40 岁以上，这怎么办？

老调查员：这个也好办。只要这些中老年人拿了礼物，签了真实的姓名和电话，你们就快速地问几个简单问题，其他复杂问题自己酌情处理，即使复查到这些中老年人，谁还记得以前回答过什么问题。所以，关键在于真实的姓名和电话号码……

为了快速调查，最后我们调查的重点就是收集了真实的姓名和电话号码，以及这些真实个人的身份信息，如年龄、工作年限等，同时询问了一些非常简单的问题，至于调查问卷中较为复杂的问题，如是否有一些运动方面的爱好；如果有，爱好什么形式的运动；是定期还是不定期等，都是我们在白天实际调查结束后，晚上回到宿舍，彼此商量着填写的……我们作为调查员获得了报酬，以我们的调查为基础，最后所形成的研究报告得到好评，获得了优秀社科项目奖。

既然争论宏观判断的真假在逻辑上没有意义，那么如何合理地看待宏观判断呢？

最重要的一点就是明确宏观判断不同于微观判断，宏观判断的真假不能简单地根据个体的主观感觉来验证。换句话说，在现实世界中，宏观判断与个体不存在简单的对应关系。一个收入低于贫困线的穷人，在他国家的 GDP 为世界第一时，他仍然是穷人；政府宣布在社会福利开支上大幅增加预算，某个穷困潦倒的人即使听到此消息备受鼓舞，但他依然可能无法获得政府的救助；政府根据统计结果宣布全体国民人均寿命从 49 岁提高到 80 岁了，某位不幸的人依然可能未成年就已经夭亡……由于宏观判断与个体不存在直接、简单的对应关系，所以个体对宏观判断要抱有谨慎的态度，不能简单地以个体主观感受去证实或者证伪宏观判断：当个体感受与宏观判断一致时，不能据此相信宏观判断就是真的；同样，当个体感受与宏观判断相悖时，也不能由此判定宏观判断就是假的。例如，一个国家的富裕程度可以用 GDP 总量表示，也可以用人均 GDP 表示，但是不管是 GDP 总量，还是人均 GDP，个人都无法真实感受其存在，每个人能够真实感受到的只是自己每个月的工资或者一年的收入，这与 GDP 总量和人均 GDP 都相去甚远。他不能因为自己收入提高了，就相信人均 GDP 也增长了；同样，他也不能因为自己失业了，便怀疑失业率增长了。

个人不能根据主观感受来证实或者证伪宏观判断，但可以根据宏观判断之间的联系对一些宏观判断进行分析。例如：

甲国今年的 GDP 增长率是 8%，其中第一产业增长率是 2%，第二产业负增长，第三产业增长率为 7%。

由于一个国家的 GDP 增长一定源于三个产业增长，既然每一个产业的增长率都不足 8%，所以总的增长率达到 8% 是荒谬的，以上这些宏观数据至少有一个明显有误。当然，这种验证在很多情况下不仅需要具备常识，还需要有较为专业的统计或者会计学知识，就像研究一个上市公司的财务报表，并不是每一位普通投资者都能对其中存在的财务造假一目了然。由于大部分个体并不具备对宏观判断进行有效分析的专业知识，所以一个人面对宏观判断最好的做法便是拒绝宏观谬误。

所谓"宏观谬误"是指由于混淆微观判断和宏观判断而产生的谬误。这种谬误有两种表现，一种是以个体的主观感受和经验为依据来证明或者证伪宏观判断的真假。例如：

甲：统计局公布的数字，我国人均住房面积为 60 平方米。我们家远远不到这个数字，我认识的人中几乎没有人达到这一平均数，所以这个数据肯定是假的。

乙：我们家也不到这个平均数，但是你不能以自己的感受来否定这一数据的真实性。毕竟有很多家庭住洋房或者别墅，他们的人均住房面积远远高于 60 平方米。所以，统计局人居住房的数据肯定是真的。

在上面的例子中，甲和乙都堕入了"宏观谬误"，都以自己的经验来证伪或者证实宏观判断。为了避免宏观谬误的这种表现，最基本的要求一个人在遇到宏观判断时，要敏锐地识别并理解该命题是宏观判断，不能将宏观判断等同于微观。例如：

C 国的 GDP 是世界第三，这不等于甲这位 C 国人就一定富裕；

B 国的失业率不足 3%，这不等于乙这位 B 国人就一定就业；

D 国犯罪率很低，不到万分之一，这不等于住在 D 国的丙就不会遭遇暴力袭击。

"宏观谬误"的另一种表现是以宏观判断直接作为个体结论的前提。例如：

我国经济高速发展，GDP 增速达到 10%，所以，我的收入很快会增加；

国家公布的失业率在下降，现在连 3% 都不到，所以，你很快就能找到工作；

房价总体回落了，已经从 10% 增速回落到 6%，所以，你应当等等再买房；

这个学校的毕业生就业率高达 98%，所以，你报考这所大学，将来找到工作应该没有什么问题。

上述论证看起来都存在一些合理性，但是作为前提的都是宏观判断，由此推出的却是有关个体的微观结论，所以以上论证中都存在"宏观谬误"。

既然一个人作为个体逻辑上不能判别宏观判断的真假，也不能依据宏观判断直接推导微观个体的结论，宏观判断又有什么用处，是不是一个人可以完全忽略宏观判断？当然不是，宏观判断的重要性在于它背后的价值意义，要理解宏观判断能够带给宏观判断的发布者和接收者的用处。

在不同主体之间以及同一主体不同时间之间，宏观判断及其之间的比较对宏观判断的发布者和接收者具有明显不同的用处。例如魏国和蜀国交战，针对这次战争，某研究所发布了以下信息：

　　魏国有 3 000 万人口，此次战役集结了 100 万军队；而蜀国有 200 万人口，此次战役只有 20 万军队。

　　以上关于魏国和蜀国的人口、军队的信息都是宏观判断，即使这些判断无法断定真假，但对比后，几乎每一位知道上述信息的人都会有"魏国强大，蜀国弱小，并且这次战役蜀国凶多吉少"的感受，而发布上述信息的研究所肯定也知道信息接收者会有此感受。所以，人们在做出某一决策时会参考宏观判断及其之间的比较，只是这种参考与其说是基于宏观判断本身，不如说是基于人们对宏观判断及其之间的比较的反应。例如：

　　教授：我建议你在决定购买美元时，考虑即将在后天公布的非农就业数据对美元走势的影响。

　　乙：非农就业数据？我知道这个数据，但是您不是告诉我，不必考虑这种宏观判断吗？

　　教授：是的。我仍然是这个观点，非农就业数据本身无关紧要，但是要考虑这个数据公布后，人们对这个数据及其变化的反应。显然，如果人们都认为这个数据及其变化不重要，不相信这个数据，那么，这个数据公布不会有任何影响。但是并不是每一位投资者、市场参与者都不关心这个数据及其变化，也不是每一位关心这个数据及其变化的人都会有相同反应。所以，正是因为这个数据的公布使得人们具有不同的反应，才会影响到美元的走势。

　　显然，在做出相关决策时，对宏观判断的关注重点在于人们对宏观判断及其比较的反应，这种反应与宏观判断的可信度有关，而宏观判断的可信度又取决于宏观判断发布者的公信力，宏观判断的发布者一旦与宏观判断的内容具有利益上的密切联系，这种公信力便值得怀疑。例如：

统计局：今年前三个季度经济运行良好，通胀水平低于3%，而失业率始终保持在4%以下。

教授：这个数据跟我们日常感受差别实在太大，我每天的交通费、餐饮费好像越来越贵。

统计局：你个人微观感受不能代表宏观数据，要知道物价指数的计算不仅仅是交通和餐饮，还包括……

教授：我理解，您不用详细解释。我只想知道，这个数据是否有其他不为人知的原因？

正如上面对话所描述的，也是最为重要的一点是，个体在面对宏观判断时，要理解其背后隐藏的价值判断，这比辨析宏观判断的真假更重要。什么是宏观判断背后隐藏的价值判断？它是指宏观判断的发布者通过发布宏观判断所要达到的目的和获取的利益。正如在中国古代，两国交战，有10万军队参战的国家一般会号称百万大军，其目的是显示威力，不战而屈人之兵。

如果宏观判断背后涉及巨大的价值，那么宏观判断及其调查就很容易被"方向操纵"：当主持宏观调查的人不具有中立的价值立场时，调查结果已经先有了"方向"，调查过程是为了既定方向的调查结果服务的。

这种"方向操纵"可以通过选取特定调查对象、调查指标或者调查范围等多种方法来进行，这种人为设计的调查，即使调查的数据完全真实，得出的结论也往往不能反映实际情况。曾经有一所A

大学，为了获得统计意义上的毕业生高就业率，要求所有毕业生只有在获得就业协议后，才能允许毕业。通过上述政策，最终统计结果显示，A 大学应届毕业生的就业率高达 99.99%，该大学毕业生小 D 找不到工作，在备受煎熬的同时，面对母校如此高的毕业生就业率更遭受自信心上的严重打击：怎么如此糟糕，为什么自己就是母校中那 0.01% 不能就业的毕业生呢？

-------------------------------- **本 篇 小 结** --------------------------------

（1）微观判断的真假可以通过个体在某一时刻进行简单观察来确定；宏观判断是指判断对象是一个群体，数量大或者范围广，它的真假不能通过个体在某一时刻进行简单观察来确定。

（2）宏观判断需要一人或者多人通过调查、综合和统计相关数据才能获得，所以，争论宏观判断的真假是没有意义的。

（3）宏观判断的真假不能根据个体的主观感受来确定真假，要避免"宏观谬误"。

（4）人们对宏观判断及其之间比较的反应比对宏观判断本身的真假更重要，人们是否相信宏观判断取决于宏观判断发布者的公信力。

（5）宏观判断背后隐藏的价值是指，宏观判断的发布者通过发布宏观判断达到的目的和获取的利益；如果宏观判断背后隐藏的价值巨大，那么宏观判断在调查时就存在"方向操纵"。逻辑上讲，理解宏观判断的价值比辨析其真假更加重要。

17

降水概率 10% 的预测下，为什么却下了这么大的雨？

如果是关于过去发生事件的记忆，其陈述的客观性会受到个体主观因素的影响。人们在回忆过去时，往往有意或者无意回避那些让自己觉得尴尬、羞愧的事情，夸大甚至虚构一些显示自己智慧、勇敢和无私的事情。所以，对过去事件的判断进行真假判别时，需要考虑陈述者是否价值中立。正如诺贝尔文学奖得主黑一雄的处女作《远山淡影》中的主人公悦子，尽管一直在回忆往事，但她清楚地知道："回忆，我发现，可能是不可靠的东西；常常被回忆时的环境所大大地扭曲，毫无疑问，我在这里现在的某些回忆就是这样。"对于过去事件判断中存在的虚假，我们无法从逻辑上有效区分，究竟是对过去事件记忆不准确造成的，还是陈述者的潜意识悄悄地修改了记忆，以掩藏某些令人不快的往事？

如果判断是对未来事件的预测，判别其真假相对来说较为简单：将预测与实际发生的情况对照，发生了，预测就是真的；没

有发生,预测就是假的。尽管看起来简单,但很多预测却仍然很难确定真假,如下面的对话:

甲:我再也不相信天气预报了,太不靠谱。

乙:为什么?在各种预报中,天气预报可以说是最靠谱的,比起物价、经济增长等宏观经济预测,天气预报就算有时候不准,但可以说是"最有良心"的预测了。

甲:怎么可能呢?周五我看了天气预报,说周六、周日降水概率只有10%,于是我周六与朋友们去野营,结果周六早上晴空万里,到了中午却下起瓢泼大雨,一直下到半夜,我和朋友们在野外被淋惨了! 10% 的降水概率却下了这么大的雨,是否可以说这个天气预报正确率仅 10%?

乙:尽管下雨了,但是天气预报说 10% 降水概率还是准确的。又没有说 100% 不下雨,你只不过运气不好,发生概率只有10% 的事情正好被你遇到了。

甲:这种说法太荒谬了,给个百分比,只要不是 100%,例如,购买甲股票赚钱的可能性是 55%,你买了甲股票,不管是赚钱还是亏钱,这句话总是真的了?说这种话又有什么意义呢?

乙:对未来的预测原本就难以做到 100%,概率仅是供人参考而已。

由于对未来事件的判断很少以确定的命题如"明天一定下雨""第四季度物价一定下跌至少 1%"来表示,一般都带有概率表述形式,如"明年的经济增长率有 70% 的可能性可以到达 6%以上""甲吸烟并且具有家族遗传病史,因此他有 50% 以上的概率会在 60 岁以后罹患肺癌"。这就需要在逻辑上理解，带有概率的这些预测命题到底有什么确切的含义以及如何确定其真假。

首先要明确的是，所有对未来进行预测的判断，其逻辑基础都是归纳。所谓归纳是指根据某类事物的某种特点，推测所有这一类事物都具有此种特点的思维过程。个别事物具有某种特点的结论，可以基于不同的空间，也可以基于不同的时间来确定。最著名的归纳是数学家罗素笔下的一只火鸡做出的：

在火鸡饲养场里，有一只火鸡发现：第一天，主人在给它喂食前会摇铃，火鸡想：是不是摇铃表示喂食呢？然而，作为一个卓越的归纳主义者，它并不马上做出结论，是继续搜集有关摇铃与主人给它喂食之间联系的大量观察事实，以便得出最准确的归纳结论；而且，它是多种情况下进行这些观察的：

雨天和晴天，中餐和晚餐，星期三和星期四……它每天都在自己的记录表中加进新的观察陈述。最后，通过归纳推理，这只智慧的火鸡得出了下述结论："主人在摇完铃后就会给我喂食，不论雨天还是晴天，中餐还是晚餐，星期三还是星期四。"

火鸡得出结论的思维过程就是归纳，其实质是根据过去发生的情况来推测未来。为了更好地理解归纳，我们需掌握有效归纳在逻辑上所具备两个条件：第一，过去发生的情况与将来具有可比性；第二，过去发生的情况越多对归纳预测将来越有意义。如何理解这两个条件呢？下面用两个例子说明。

甲：张总这周六一定还会去打高尔夫。你周六去高尔夫球场应当能找到他。

乙：为什么你能如此确定？

甲：我来公司工作已经3年，就我所知，张总是高尔夫爱好者，过去三年每周六都会去打高尔夫。

乙：这个我也知道。但是张总上周结婚了。他的新婚夫人并不喜欢高尔夫。你还能确定这周六张总还去打高尔夫吗？

甲对张总周六行为的预测就是一种归纳，在张总现在与过去生活没有发生明显变化情况下，张总的周六行为也应当不会发生变化。但是，一旦张总结婚了并且有一位不喜欢高尔夫的新婚妻子，他与过去的可比性降低，这时候用过去预测未来的有效性便值得怀疑了。

甲：今年劳动节，亚细亚商场一定还会像去年那样大促销。

乙：我也希望如此。但是去年亚细亚商场是第一年开张，希望提高知名度因此在劳动节大促销，今年就未必了。而华贸商厦已经连续十年在劳动节有优惠，所以去华贸商厦应当更可能会有收获。

显然，乙的回答更有说服力，因为一年和十年促销历史相比，具有十年促销历史的商厦今年更可能促销。

需要强调的是，即使归纳满足上述两项条件，归纳的结论仍然未必是真的，这就是归纳推理的或然性，即结论的可错性。罗斯通过火鸡向人们展示了归纳这种方法结论的可错性，他接着写道：

事情并不像火鸡所想象的那样简单和乐观。在圣诞节前夕，当主人摇完铃后，在火鸡一如既往热切地等待进食时，主人却把它抓起来，在将它宰杀、烹饪之后，送上了餐桌。

当然，火鸡通过归纳而得到的结论就这样被无情地推翻了。那么，爱做归纳的火鸡最终被送上了餐桌，这究竟怪谁呢？

上述火鸡归纳的错误是否源于它归纳的结论过于绝对化？如果火鸡的结论是"当主人摇完铃后，给我喂食的概率是98%"，罗素是否还能再批判火鸡的归纳？当然，除非是信口开河的经济学家，火鸡不会给出如此精确的98%概率，因为火鸡对历史事件的归纳，没有2%的反例。

如何理解概率？"明天的降水概率10%"是否表示"明天有10%的可能性下雨"？如果是，很令人费解，因为"下雨"和"不下雨"如果是两种相互矛盾的状态，那么明天下雨或者不下雨的可能性不都是50%？同时，若明天下雨了，那么就是100%下雨，否则，就是100%不下雨。10%降雨概率到底是什么确切含义呢？

概率是从过去已经发生的事实中统计得出的数据。

"明天的降水概率为10%"的确切含义并不表示"明天有10%的可能性下雨"。而是预测明天的天气形势，包括风力、风向、温度、湿度等诸多因素及其综合情况，这种天气形势在过去如果有100次，其中有10次降雨了（100次、10次是为了形象而方便地描述，10%这一数据的获得在历史远远不止100次记录观察，它可能涉及上万次，理论上说这一概率需要经过"无穷次"记录才能正确得出）。那么，"明天降水概率10%"说明明天下雨吧？不说明，它只是过去多次相同天气形势下的一个计算结果而已，并且明天实际发生的情况会继续修正这个计算结果。所以，"明天降水概率 10%"确切的含义是：

它是对过去已经发生事实的总结。假设过去出现过 10 000 次（天）与明天相同的天气形势，包括温度、湿度、风速、风向等诸多因素及其综合情况都相同。在过去这 10 000 次（天）中，有 1 000 天下雨了。这种归纳结论可以作为对明天天气情况的预测，预测表述为一个含有百分比的命题，即"明天降水概率 10%"。

明天实际发生的情况也同时对降水概率进行修正。明天实际下雨了，这样，类似的天气形势下，降水概率变成了 1 001/10 001=10.000 9%；而明天实际没有下雨，类似天气形势的降水概率变为 1 000/10 001=9.999%。日复一日，年复一年，相同天气形势下的降水概念在不断地积累中修正。从上述不断积累修正过程中可以理解，明天下雨了，不表示"明天降水概率为 10%"为真；即使明天没有下雨，也不表示"明天降水概率为 10%"为假。

基于对"明天降水概率为 10%"含义的理解可以知道，这种含有百分比概率的预测与一般命题相比，对其真假判别依据在逻辑上存在很大区别：前者的真假既依赖于已经发生的事实，同时还需要考虑相当多的对照因素；后者则直接与实际发生的事实进行对照。具体区别仍以"下雨"为例说明如下：

明天下雨。若第二天实际下雨了，该句命题为真；否则为假。

明天的降水概率 10%。降水概率是如何计算的？具体包括影响降水的因素和条件有哪些？这些因素与条件是怎么确定的？这些因素和条件在明天的具体情况如何？在确定明天这些因素和条件过程中，是否还存在相关的预测？相关的预测概率是多少及如何确定？历史上已经观察和记录了多少次相同天气形势？这些观察和记录的真实性如何？

从上面对预测真假的分析可以看出，除非是相关专业人员，否则普通人无法在逻辑上确定含有百分比概率预测的真假。既然非专业人士不能确定含有百分比概率预测的真假，为什么现实生活中却有如此多的含有百分比概率的预测？

正面的原因是带有百分比概率的预测更精确，这种精确性尤其表现在数据比较的时候。带有百分比概率的预测以量化的形式精确地告诉我们一些结论，如"体重超重的人患高血压的概率会提高，每超重1千克，患高血压概率上升2.1%，这比缺少运动的人患高血压的概率（1%）更高"，这句命题精确地告诉我们体重超重比缺少运动更容易患高血压，对身体健康更具有危害性。

相对负面的原因则是带有百分比概率的陈述者以"模糊概率"这种逻辑谬误来避免做出确定的结论。"模糊概率"是指采取无法确定真假的百分比概率来进行预测。这种逻辑谬误可以达到两方面的结果：一方面，通过模糊概率，既表达了希望表述的观点同时又没有承担确定的责任，这经常表现在一些经济预测中；另一方面，陈述者给出模糊概率使自己的观点显得"精确"从而增加其可信度。例如：

甲：美联储在9月加息的可能性高达87%。

乙：哇，这么高。这意味着美联储在9月会加息？

甲:当然不是,不是说了吗,有87%的可能性。即使不加,也很正常,因为不加的可能性也有13%。

乙:那到底加还是不加?

甲:加的可能性是87%。

上面对话中,甲说"美联储9月加息的可能性高达87%"就是一种典型的"模糊概率"。因为,美联储未来是否加息很难用过去的情况来归纳。第一,过去的经济和社会情况与现在不具有可比性,这与自然界的天气形势过去和现在具有可比性是不同的;第二,即使具有可比性,过去的情况也极为有限,不足以归纳以预测将来。所以,作为预测基础的归纳并没有满足归纳有效的两个条件,由此得出的百分比概率也纯属无稽之谈。当然,甲的百分比概率可能并非无中生有,也许甲也找了一些官员、学者或者高层人士,谈了关于美联储9月加息的看法,再根据这些人的主观看法计算得出上述概率,这种概率一方面只是被调查者的主观看法,受到被调查者不同条件的影响;另一方面,由于被调查者的预测随着社会、经济形势的变化而变化,每个人预测的稳定性值得怀疑。所以,甲即使调查得出了相关概率,但这种概率预测并没有意义。

"模糊概率"这种谬误最常见表现的是在股票投资中。一些股票投资专家会给投资者某种股票上涨、下跌的概率。尽管这些投资家预测股票价格的方法有所差异,但基本上都基于以下原理:根据过去股票价格变化及相关条件来预测股票未来的价格。如根据某只股票的成交量、股票价格包括开盘、收盘、最高、最低价等，画出股票一天的价格波动区间，假设股票价格的变化具有可比性，那么，就可以根据股票过去的价格变化趋势来预测股票未来的价格变化，这种变化一般被表述为百分比概率，如中国联通这只股票明天上涨概率为76%。据说，有相关电脑软件已经被开发出来，根据上述原理来确定股票的买卖。这种软件确定的股票投资收益率是否明显高于一般收益率不得而知，但是这种做法在逻辑上就是典型的"模糊概率"。

如果上述投资确实获得超出一般水平的股票收益率，这不仅意味着股票过去价格的变化确实能够预测未来，还需要满足以下条件：

第一，股票价格的变化在过去与未来具有可比性；

第二，上述电脑软件对于过去股票价格变化的总结与归纳非常充分；

第三，最重要的是，对股票价格变化的预测和由此决定的股票投资并没有改变股票未来价格的变化。换句话说，不存在足够多的人知道并相信这种预测，并且根据预测而做出股票买卖，否则，上述第一点便不再成立。

因此，任何对股票未来价格的预测即使是真的也没多大用处，这种预测只能在小范围使少数人用少数的资金赚取少量的利润。如果不是这样，当大家都知道并且相信明天某一只股票将要上涨或者下跌时，这只股票为什么今天不就立即上涨或者下跌呢？

带有百分比概率的预测使我们能够"精确地"认识未来，同时也可能将我们置于"模糊概率"的谬误之中。所以，对待这种预测，最合理的态度便是保持一份谨慎的怀疑精神。我们一般不具有相关专业知识，也没有时间和精力去钻研具体的学科，面对带有百分比概率的预测，事实上我们无法确定其真假，甚至不理解这一百分比概率的具体含义。这时候承认自己的不理解最为重要，不要不懂装懂，对做出带有百分比预测的人尊重但不盲从。同时，还要认识到，尽管严谨科学研究具有量化分析的特征，但不排除一些所谓的"专家"为了使自己的观点显得严谨，采用毫无根据的数据分析来装点门面，以弥补其观点内容的空洞和荒谬。我曾经读到以下观点，由于这些观点中的百分比及其获得这些观点的研究思路完全在我理解能力以外，所以对我来说，无视这些观点是最合理的态度。

四大文明古国对人类文明的贡献率高达98%；

某国在2030年将达到97%的民族复兴度；

据统计，某国男性的幸福感受度比女性大5.5个百分点；

一个人看电视时间越长越不利于健康，患老年痴呆的概率在每天看电视时间超过3小时后，会上升5.21%。

-------------------------------- **本 篇 小 结** --------------------------------

（1）对未来的预测如果是简单陈述，如"明天下雨"，其真假比较容易确定，只要与第二天实际情况对照即可；带有百分比概率的预测"明天降雨概率10%"，其真假不能简单地与第二天实际情况对照，它是根据过去的统计数据计算获得的结果。

（2）确定带有百分比概率预测的真假涉及具体的专业知识，缺乏这些专业知识的人，很难理解并确定这些带有百分比预测的真假。

（3）带有百分比概率的预测可以使我们"精确地"认识未来，但也可能导致"模糊概率"这种逻辑谬误。

（4）现实生活中，要认识到自己专业知识上的局限，对于带有百分比概率的预测，保持尊重而怀疑的态度，某些时候，对于不理解的观点，不盲从在逻辑上是合理的。

18

一叶能知秋吗？

　　一叶知秋这个成语按照词典上的解释是指看见一片落叶就知道秋天的来临，比喻发现一点预兆就料到事物发展的趋向。一叶知秋的同义词是见微知著，这是中国传统文化所推崇的智慧。《吕氏春秋·察今》中的一篇文章对这一智慧有较为详细的说明：

　　有道之士，贵以近知远，以今知古，以所见知所不见。故审堂下之阴，而知日月之行，阴阳之变；见瓶水之冰，而知天下之寒，鱼鳖之藏也。尝一脟肉，而知一镬之味，一鼎之调。

　　这段文字赞扬了有智慧的人，他们可以从身边、现在和看得见的事情了解远方、过去和看不见的事情；根据屋檐之下的光影就可以知道日月运行、冷热变化的规律；从一瓶水中冰的厚度就知道天气有多寒冷，鱼、鳖藏在水下多深；品尝菜肴里的一块肉，就可以知道一锅食品的味道和烹饪水平。

　　见微知著是中国历史上有智慧的人具有的最大特点，通过对他人日常细微行为的观察，有智慧的人就能从中了解这个人的本质。以下流传甚远的汉景帝和周亚夫的故事说的就是有关见微知著的事情。

周亚夫在平定七国之乱的时候立下了赫赫战功，是汉景帝的股肱重臣，官至丞相，经常为汉景帝献言献策，汉景帝对周亚夫的忠心完全信任。但是在汉景帝为太子选择辅政大臣时，他却并没有选择周亚夫，为什么呢？在中国传统社会，每个皇帝年老之时，皇位继承、选择未来皇帝的辅政大臣等都关系到帝国未来的稳定和长治久安，每个皇帝都会为此大费心血，汉景帝也是如此。当太子才成年，需要选择辅政大臣时，汉景帝特地做了下面的事情试探了一下周亚夫。

一天，汉景帝宴请周亚夫，并且给他一大块肉，但大块肉既没有切开，也没给他切肉的刀和吃肉的筷子。周亚夫看了，不太高兴，就向主管宴席的官员要切肉的刀和筷子。汉景帝笑着说，丞相，我都给你这么大一块肉你还不满足吗？还要刀和筷子，真是讲究啊。周亚夫一听，忙向皇帝谢罪，汉景帝说，算了，既然丞相不习惯这样吃，那今天的宴席就散了吧。周亚夫听了，便向皇帝告退，离开皇宫。

汉景帝看着周亚夫离开，对周围侍臣说道，看他闷闷不乐的样子，实在不适合作为太子的辅佐大臣啊！就这样，周亚夫不仅没有成为太子的辅政大臣，最终还被汉景帝逼迫而自杀。

不去深究这个故事在历史上的真实性，后人对故事里汉景帝及其做法基本上都是推崇的，如汉景帝的儿子汉武帝对他父亲的评价就很高"会看人、敢用人、有谋略、有果断、有远见"，现代中国一些管理学中甚至将这个故事作为招聘人才的经典案例。

推崇汉景帝做法的人认为他见微知著：辅佐太子的大臣，一定要稳重平和，任劳任怨，宽厚而不能狂傲。因为小皇帝年轻气盛，万一有什么做得过分的地方，只有具有宽厚之心的人，才能包容小皇帝而忠心尽责。从周亚夫的表现来看，连老皇帝对他的一些不礼貌的举动，他都不能忍受，一副不高兴的样子，以后又怎么能包容小皇帝的过失呢？赏赐一大块肉给他，即使不方便食用，但在汉景帝看来，他也应该感恩，又不是不能吃，直接用手抓着、撕扯几下把它吃下去，这才是一个臣子宽厚忠诚应有的表现，他要刀和筷子的举动，在汉景帝看来就是傲慢，等到辅佐小皇帝的时候，难保没有忤逆之举，这是汉景帝所必须防范的，所以即使周亚夫很有才干，最终他仍然被汉景帝所放弃。

汉景帝的做法合乎逻辑吗？为了回答这个问题，首先讨论一叶真的能知秋吗？

一叶若能知秋，需要满足以下的条件：

（1）落叶所属的树仅在秋天落叶，其他时间，这种树不落叶；

（2）落叶仅仅是因为季节变化而发生，不会因为别的原因，如：树患病了而落叶；人们攀爬树木引起落叶；树被砍伐，枝叶因此散落等。

如果以上两个条件不能满足，如有些树不是在秋天落叶，像香樟树等常绿树种一般在春天落叶；树木落叶的原因太多，未必是因为季节变化。所以，一叶有时候能知秋，但很多时候一叶并不能知秋。

这个结论好像什么都没说，就像抛一枚硬币，落地后，可能是正面向上，也可能是反面向上。对"一叶知秋"这种从条件到结论的分析又有什么意义呢？

以上分析的意义在于理解"类推"的条件。一叶知秋和与之类似的见微知著，都是相同的推理方法，这种方法在逻辑学中称为"类推"（也称"类比"）。类推是从个别事物具有某些特点，推出具有部分相同特点的其他事物也具有未知的类似特点，并进而推出更为普遍的、所有具有部分相同特点的事物都具有上述未知特点。

类推有以下一般的形式：A1 具有特点 b、c、d、e，A2 具有特点 b、c、d。所以，A2 应当也具有特点 e；并且所有具有特点 b、c、d 的 A，都应该具有特点 e。例如以下的推理都属于类推：

北京是大城市，人口多，房价贵。所以，上海这座大城市，既然人口多，房价肯定也贵；推而广之，所有人口多的大城市，房价都不会便宜。

这棵树在秋天落叶，因此别的树也都应该在秋天落叶。推而广之，当有树叶落下时，秋天便到了。

甲是 T 大学的学生，英语好；所以乙作为 T 大学的学生，英语应该也很好。这样看，所有 T 大学的学生英语应该都很好。

鸡肉是禽肉，脂肪含量较低；所以，鸭肉作为禽肉，脂肪含量肯定不会高；因此，所有禽肉的脂肪含量都是较低的。

类推与归纳相似，它们的结论都具有可错性，即通过类推得

出的结论未必是真的。为了使类推得出的结论更可靠，类推需要
满足以下条件：

（1）作为类推前提的事物具有代表性；

（2）作为类推前提的事物和作为结论的事物具有实质可比性，
而不是表面和偶然的相似；

（3）类推得出的结论必须有适用的范围，不存在放之四海而
皆准的普遍结论。

上述三个条件比较苛刻，它要求进行类推的人具有一定的专
业知识。例如在一叶知秋中，"知秋的人"要具有植物学的相关
知识：他不仅能识别树叶，还要了解树种，知道有哪些树种在秋
天落叶，哪些树种不在秋天落叶；他还需要仔细观察，排除落叶
产生的其他非季节原因，这样他才能够从一片落叶中知道秋天真
的来了。如果一个人不具备以上条件，那么他推测"秋天是否到
来"，是通过"看树叶"还是采取"抛硬币"，没有实质区别。

我国传统文化推崇一叶知秋这种智慧，却未说明实践一叶知
秋这种智慧所需要的条件，于是这种智慧看起来简单，用起来却
很难：有些人确实是见微知著的高手通过类推，从而得出正确结
论，而有些人通过类推却得到与事实完全相反的结论。如果再进
一步分析前面介绍的汉景帝测试周亚夫的故事，会发现汉景帝的
做法也有很多不合理之处：

（1）周亚夫看到没有刀和筷子，便向主管宴席的官员要刀和
筷子，这并不能推出周亚夫"不满足"和"讲究"的结论。相反，
如果周亚夫不要刀和筷子，而是"不讲究"地直接用手撕扯或用

嘴直接啃肉的话，说不定汉景帝会得出"此人没有礼仪，目无皇帝"的结论。

（2）周亚夫向主管宴席的官员要刀和筷子，也不能由此推出周亚夫不忠厚或者没有包容心，甚至可以反过来认为，他个性耿直，不虚伪；相反，如果周亚夫什么都不说，忍气吞声，说不定又被汉景帝认为他太有城府。

（3）周亚夫最终被汉景帝放弃，没有辅政太子，很难证明这对汉朝的国家利益是有利的。但是大约过了150年后，出现了一位从各个细微之处都无懈可击的辅政大臣王莽，他的行为充分说明了见微未必能够知著，"周公恐惧流言日，王莽谦恭未篡时"，很多时候，人的内心很难被看穿。

当然，如果汉景帝测试周亚夫的故事在历史上确实存在，那么从逻辑角度而言，汉景帝很可能自己不经意间犯了因果倒置的错误，即汉景帝事实上内心深处已经不信任周亚夫了，所以才会测试周亚夫。在这个测试中，无论周亚夫怎么表现，最终都会被"见微知著"的汉景帝抓住把柄：要刀和筷子说明周亚夫不满足，不感恩；不要刀或者筷子说明周亚夫不真诚，城府深。因为周亚夫已经被皇帝不信任了，所以他才被皇帝测试，这样，测试中周亚夫的任何行为都将被"见微知著"的汉景帝看穿，从而得出事实上早已存在的结论：周亚夫不适合辅佐小皇帝了。

———— **本 篇 小 结** ————

（1）一叶知秋（同义词"见微知著"）是中国传统文化所推崇的智慧，意为从细微处掌握事情发展的全貌和未来趋势。

（2）一叶知秋是逻辑学中的"类推"（又称"类比"）方法，这种方法需要一定的条件，缺乏条件的类推是错误的。

（3）类推的条件包括：作为类推前提的事物具有代表性；作为类推结论的事物与前提事物具有实质相似性，而非表面或者偶然的相似；类推结论具有适用的范围，不能推出放之四海而皆准的结论。

19

现实世界，不存在单纯的因果关系

因果判断说明事件之间引起和被引起的关系，一般具有以下表述形式：因为 A，所以 B。例如：

因为学习成绩第一名，所以李华获得了奖学金；

因为冷热气团相遇，所以出现了降雨；

因为车速过快，所以发生了单车侧翻事故；

因为资金充裕，所以最近股票上涨。

以上一般表述形式的因果判断将客观世界发生的各种事件抽象成单纯的因果关系，即单一的事件 A 是单一事件 B 的原因。这种抽象尽管使人们得以简单认识世界，但同时对客观现实世界的认识也造成扭曲，因为现实世界中，不存在单纯的因果关系。例如，下面司机所言并非完全强词夺理：

司机：今天早上，为了上班不迟到，我开车没有像平时一样走国道，而是上了高速，结果被警察罚了款。

同事：开车上高速又不违法，警察为什么对你罚款？

司机：警察的理由是我超速了。

同事：那你是否真的超速了？如果真的超速了，那么警察罚你也应该。

司机：我急着上班，没有注意自己的车速。警察把我拦下来说超速了，他们有测速仪，可能是稍微超速一些，但即使如此，警察罚我也并非因为我超速。当时我顺着车流正常行驶，前后车的速度都差不多，为什么警察就拦我这辆车呢？为什么别的车超速了却不被罚款，只有我被罚款了呢？

同事：这个只能怪你运气不好吧？

司机：这段高速路，警察一般不会在这里测速，今天却在这里测速罚款。

同事：但是你不超速的话，警察肯定不会罚你。所以，超速仍然是你被罚款的原因。

司机：你的话听起来有道理，概括起来就是，A 是 B 的原因，因为有 A 时有 B，并且，没有 A 时就没有 B。是不是这样？

同事：当然，而且"没有 A 就没有 B"应该更重要。

司机：如果警察今天早上根本就没在那个路段测速，那么即使我超速了，我也不会被罚款，所以，按照你的逻辑，警察在那个路段测速，也是我被罚的原因了？

同事：这个，也应该算是原因吧。

从上面的对话可以发现，表面上简单的因果判断却包含着令人困惑的东西：如何从逻辑上合理地确定事件 B 的原因是事件

A？例如，对话中的司机被罚款的原因真的是因为超速？还是因为警察在这个路段测速？以上这个例子可能会使人以为作者是在诡辩，或者是在教唆人质疑警察执法的公正。都不是！尽管作者本人愿意相信司机被罚款的理由是超速，但是仍然避不开以下的疑问：为什么超速是司机被罚款的原因，而不是因为警察测速？

下面具体分析，"超速"和"警察测速"这两个事件作为司机被罚款的原因是否合理。按照传统逻辑的要求，事件之间具有因果关系，需要满足以下条件：

（1）在时间上，原因在结果的前面发生。由于大多数因果事件相伴随而存在，所以两个事件发生的先后次序仅凭观察一般很难确定，但即使如此，如果通过观察发现，一事件 A 在另一事件 B 的后面发生，那么它就绝不可能是事件 B 的原因。按照时间要求，司机超速发生在他被罚款以前，但是警察测速，也发生在司机被罚款之前，因此，警察测速和司机超速，作为司机被罚款的原因，在满足因果关系的时间要求上并没有实质区别。

（2）A 事件是 B 事件的原因，需要满足，有 A 就有 B。当有 A 而没有 B，则两者之间的因果关系被否定。例如，一个人身体有炎症时，就会发热，所以，身体有炎症是发热的原因。而张三身体有炎症却没有发热，张三这种情况，对身体有炎症导致发热这一因果关系给予否定。按照这个要求，司机超速时，就会被罚款。这说明超速和司机被罚款之间有因果关系；但是，警察测速时，就会有更多司机被罚款。这同样也说明警察测速是司机被罚款的原因。对此，会有人反驳说，即使警察测速，但是，如果不超速，警察就不会处罚司机，以此来否定警察测速是司机被罚款的原因。这种否定完全符合逻辑，只是，类似的否定同样成立：即使司机超速，但是警察没有测速时，司机也不会被处罚，这同样否定了司机超速是他被罚款的原因。

（3）A 事件是 B 事件的原因，需要满足没有 A 就没有 B。按照这个要求，司机不超速，警察就不会罚款，所以，司机超速就是被罚款的原因。但有类似的证明，警察不测速，司机也不会被罚款，所以警察测速是司机被罚款的原因。

通过因果关系特点的对比分析可以看出，"司机超速"和"警察测速"作为"司机被罚款"的原因没有实质区别。可能会有人认为，这完全是诡辩，"司机被罚"的原因就是"司机超速"，讨论"警察测速"是"司机被罚"的原因完全不合乎常识。那么，常识是什么呢？如果在确定因果关系过程中，直接就接受常识，科学分析又有什么意义呢？

那么，难道司机被罚款不是因为他超速，而是因为警察测速？当然不是，上述分析仅仅说明，将"司机被罚"的原因简单地归咎于"司机超速"并不合理，即单纯的因果关系表述"事件 A 是事件 B 的原因"既不符合现实世界的真实情况，也经不起严格的逻辑分析。

现实世界中，事件 B 之所以发生，不是单纯的因为事件 A，而是事件 A1、A2、A3、A4 等综合作用的结果。关于这一点，早在古希腊时，亚里士多德就提出"四因说"。他认为，事件出现所必需的条件都称为原因，在任何事件产生的过程中，一共有四种原因：质料因、形式因、动力因和目的因①。除亚里士多德外，相当多的哲学家也认为，任何事情的产生都是多种原因共同作用的结果，这些原因既有内部原因（内因），也有外部原因（外因），而且内因是事件发生的根据，外因是事件发生的条件。因此，合乎逻辑的结论是，"司机被罚"的原因既是"司机超速"，也是"警察测速"，除了上述原因，可能还有我们所想象不到的其他原因，例如天气状况、高速公路的能见度、警察测速仪的灵敏度和准确性、被罚司机所驾驶车辆的颜色、性能及其与前、后车的距离等。

现实世界是复杂的，这种复杂性表现在任何事件的发生都具有多种原因，而多种原因所引发的后果也是多种多样的。将复杂的现实世界抽象成单纯的因果关系有利于我们认识、了解世界，但是这种抽象却将问题简化了，这种简化会导致"诉诸客观"和"诉诸主观"两种逻辑谬误。

所谓"诉诸客观"就是将一件事情发生的因素单纯归结为当事人以外的原因而忽略当事人自身的情况；相反，所谓"诉诸主观"就是将一件事情发生的原因单纯归结为当事人的情况而忽略当事人以外的因素。例如，张三获得了科技进步奖，既因为张三认真、努力而做出了杰出贡献等因素；也是因为张三的领导、同事和家庭的支持，张三所在部门提供最先进的实验室，张三发表文章的刊物编辑比较熟悉张三的研究领域等情况。

---

① 亚里士多德的"四因说"并不局限于因果判断，还涉及其他更广泛的哲学问题。本书仅从逻辑角度理解"四因说"在因果判断中的意义，不讨论其他。

如果将"张三获奖"的原因单纯归结为"张三努力",这就是"诉诸主观";而如果完全忽视张三本人,认为"张三获奖"的原因就是因为"张三所在部门有最先进的实验室",这就是"诉诸客观"的逻辑谬误。

两种逻辑谬误在现实生活中经常出现,例如:

司机:早上我被警察罚款,真的不怪我,警察在那个路段测速实在是没事找事。那个路段经常拥堵,今天难得通畅,却说我超速,这个警察肯定今天心情不好。

同事:关键是你到底超速了吗?

上面对话司机所犯的错误就是"诉诸客观"。在另外一个场合,司机却会"诉诸主观",例如:

司机:这一年我遵章守纪,没有任何交通违法事件,这充分说明我有文明素质。我始终认为,一个人的文明素质首先要体现在守法上,这一点在我身上得到充分体现。

同事:你尽管有驾照,但既不开车,也不骑自行车。每天上下班乘坐地铁,就算过马路闯了红灯,因为警察没看到,也就不被处罚。所以,你这一年没有任何交通违法事件,很可能是你没有机会交通违法或者违法了没被抓住,这与你是否具有文明素质没有多大关系。

理解因果关系的复杂性,有助于我们了解自身价值因素对因果判断的影响。当涉及自己的事情是"好事"(符合社会道德观念的事情)时,一个人往往会诉诸主观,认为自身原因是自己做好事的原因;当涉及自己的事情是"坏事"(不符合社会道德观念的事情）时，一个人往往会诉诸客观，认为罪不在己，是自己以外的客观情况使自己"被迫"做了坏事。与此同时，非常有趣的却是，当事情涉及他人的时候，上述逻辑谬误的方向却正好相反：谬误者会认为，当别人做了好事时，做好事的人并非出于自觉，而是环境使他无意中做了好事；而别人做了坏事，谬误者认为他一定是有意做的。

-------------------------------- **本 篇 小 结** --------------------------------

（1）人们将现实世界的因果关系抽象为单纯的因果判断：事件 B 的原因是因为事件 A。这种抽象尽管有利于我们认识和理解世界，但是将现实世界复杂的因果关系简化了。

（2）现实世界是复杂的，不存在单纯的因果关系，一件事情的发生是多个事件的结果，单纯的因果判断会导致"诉诸客观"和"诉诸主观"两种逻辑谬误。

（3）"诉诸主观"是将事件的原因单纯归结为当事人自身因素而忽视当事人以外的情况；"诉诸客观"则是将事件的原因单纯归结为当事人以外的情况而忽视当事人自身因素。

（4）了解因果关系的复杂性，有助于人们理解自身。一个人要警惕原因判断受到价值因素的影响。合乎社会价值的是好事情，不合乎社会价值的是坏事情。人们在因果判断中往往认为，好事情是自己主动做的，坏事情则是自己"被迫"做的；而对别人进行评价时，他人却是"有意"地做坏事情，"无意"地做好事情。

20

追寻终极原因的逻辑困境

为了简单而方便的认识世界，人类思维将现实世界的因果关系简化为以下因果判断：事件 B 的原因是事件 A。由于现实世界不存在单纯的因果关系，这种简化没有真正说明因果关系的复杂性。因此，考虑到现实世界原因的多样性，可以将因果关系表达为以下较为复杂的因果判断：事件 B 是因为 A1、A2、A3、A4、A5 等的组合。但问题并没有得到解决，因为其中还存在一个终极原因需要说明，即为什么就发生了 A1、A2、A3、A4、A5 等组合了呢？在一次旅行途中，我曾遇到过类似这种终极原因的困惑。

印度饮用水的水质很糟糕，旅行手册上一直告诫中国游客到了印度不要喝当地的饮用水。然而，我们一行几人在印度炎热的天气下漫步三个多小时后，实在忍不住了，只好在一个看起来比较卫生的路边饮料摊饮用一番，解渴后便怀着惴惴不安的心情继续游览。

不到一小时，同行人中的甲、乙、丙便出现症状，严重腹泻，好在大家早有准备，备有治疗腹泻特效药。忙完一通后，大家对于印度饮用水质糟糕有了更深认识的同时，却又好奇，为什么饮用水质这么差，当地人喝了却没有什么问题呢？

回答一：因为当地人习惯了，中国人的身体不习惯印度饮用水的糟糕水质。

但是，并不是每一位中国人喝了印度饮用水都腹泻，这又是为什么呢？

回答二：因为不腹泻的中国人身体好，抵抗力强。

但是，喝了印度饮用水的人中，腹泻的甲身体非常好，而没有腹泻的老赵却明显身体较弱。这又是为什么呢？

回答三：甲身体好却腹泻是因为水喝多了；老赵正是因为身体不好，害怕腹泻，于是喝得较少。

但是，乙身体好喝得也很少，比老赵喝得还要少，却也腹泻了，这又是为什么呢？

回答四：乙大概是因为昨天睡得不好，失眠。但是，丙的身体很好，水喝得也很少，睡眠一直很好，但也腹泻了，这又是为什么呢？

回答五：那是因为丙睡眠太好了……

将腹泻的原因追寻到最后，大家都感到不能自圆其说，因为排除身体弱这个原因外，对甲来说腹泻的原因是：喝水＋喝得多；对乙则是：喝水＋喝得少＋睡眠不好；对丙却是：喝水＋喝得少＋睡眠太好。

一位同行的驴友总结说："不管怎么样，腹泻的人都有一个共同的原因，就是喝水，所以，喝水是腹泻的内因，其他可以认为是腹泻的外因，也就是条件。"他的总结还未说完，另一位同行的驴友丁便报告说，他带了瓶装水，当地饮用水一滴也没有喝，但也腹泻了，想必不是因为喝水，而是因为印度的天气太热了吧……

现实世界中的因果关系是复杂的，不存在单纯的因果关系，各门具体学科对因果关系的探寻都是一定条件下的探寻，这些条件可以说就是其他原因。于是一件事情的发生可以说就是多种事件组合后产生的结果，这样，当我们探寻因果关系时，便会面临"终极原因"的困境。所谓终极原因有横向的和纵向的两种形式：

横向的终极原因是，B 的原因是 A1；但是 A1 成为 B 的原因需要 A2；A2 成为原因需要 A3；A3 成为原因需要 A4，所以 B 的原因是 A1、A2、A3、A4 等事件的组合，但是上述这些事件为什么能在那个时间和地点就组合了呢？

纵向的终极原因是，B 的原因是 A1；A1 之所以发生是因为 A2；A2 之所以发生是因为 A3；A3 之所以发生是因为 A4，作为逻辑起点，B 的最初原因到底是什么？

现实生活中，每一个人只要不拒绝思考，或多或少都会遇到终极原因的困扰。正如下面这位糖尿病患者和医生对话所显示的那样。

医生：血糖指标显示你已经患了糖尿病。你是不是日常生活中糖吃得较多，饮食主要以米饭、面食为主？

患者：我日常饮食是以米饭、面食为主，但并不比其他人吃得更多，而且我几乎不怎么吃糖，所以我不相信饮食是我患病的原因。

医生：患糖尿病还有遗传因素。你父母是否患有糖尿病？

患者：没有。我的兄弟姐妹也没有人患有这种疾病。

医生：那他们应该是更注意控制饮食，所以没有机会患这种病。糖尿病也算是富贵病，当然，也许你的父母中的一方有这种疾病的遗传基因，而你的兄弟姐妹并没有获得这种遗传基因。

患者：那么为什么我就获得这种遗传基因了呢？

医生：这个实在不好回答，或者这就不是个问题吧……

对于终极原因的困境，一种处理方法也是最常见的方法就像对话中医生最后的回答，"这不是一个问题"。尽管这样处理没有真正解决问题，却是一种简单地摆脱困境的方法，尤其当对话双方并非处于社会、学术或者智力上的平等地位时，地位较高的一方往往通过表明"这是一个不值得考虑的问题"或者"这样想是钻牛角尖、没意义"等来摆脱困境。例如：

教师：主任，今年在需要晋升的教师中，我的论文数量第一，今年我应当能晋升为教授了吧？

主任：职称的晋升不仅仅看论文数量，还要看论文质量。

教师：论文质量怎么评定呢？

主任：看你论文发表的刊物，学校有关于刊物的级别，级别越高的刊物，发表在上面的论文质量就越高。

教师：这个我也对照过，我的论文所发表的刊物都是一流的。

我想，这样我晋级就有保证了吧？

主任：除了论文数量和质量，还要看你的科研课题数量。课题也是有级别的，一个国家级课题相当于10个一般企业课题。

教师：国家级课题我也有，排名也在前面。所以，今年我是不是一定能晋级了？

主任：这个还要看评审委员会的评审，评审委员对你的印象很重要。

教师：但是您也在评审委员会之中，应该对其他评委很有影响力。您对我的印象怎么样呢？

主任：我对你的印象就算很好，也不能影响其他评委，其他评委对你的印象是他们的事情。

教师：但是除了您认识我，其他评审委员又不认识我。他们在评审时，除了看有关论文、课题的申报材料，又有什么能够决定他们对我的印象呢？

主任：我认为这不是一个问题！

另外一种处理终极原因困境的方法是以"偶然性"和"必然性"来代替因果关系。这种说法经常以孵小鸡为例，孵小鸡必须要有鸡蛋和合适的温度，鸡蛋是必然性，温度是偶然性。没有鸡蛋必然孵不出小鸡，但是有了鸡蛋而没有合适的温度也孵不出小鸡，在某些情况下，温度也会成为必然性。按照这种处理方法，上面对话中的主任可以这样回答教师的问题：评审结果既有必然性也有偶然性，前者取决于论文数量、质量，课题级别、数量等，后者则包括评委的印象甚至各人的运气等，有时候偶然性的因素也会成为必然，所以评审的结果谁也说不准。

这种处理方式实际上也没有真正解决困境，因为它还是没有回答，必然性和偶然性具体包括哪些，尤其是偶然性的原因如何转变成必然性的。换句话说，它仍然无法回答，什么时候一件事情是必然导致的结果，而什么时候则是偶然导致的结果。例如：

教师：不管怎么说，读书是一个人获得成功的必要条件。也许一个人读了书未必成功，但是不读书肯定无法成功。中国古语"万般皆下品，惟有读书高"正是这个道理。

学生：但是社会上确实有些人不识字，根本未读过书，不也成功了吗？

教师：我不否定确实有此特例。但是如果他读书会比他不读书取得更大的成就，对他来说，不读书仍然是不成功的。换句话说，尽管一些人不读书也很成功，但是如果他读了书，可能会更成功。

学生：但是，这些不读书而成功的人说不定读了书，反而不成功了呢？就像鲁迅小说里的孔乙己，也许孔乙己没有读过书，不懂"回"有几种写法，他的生活会更好呢？

老师：这一点确实也有可能，但不管怎么说，读书有利于一个人成功是必然的，而不读书也能成功却是偶然的。

学生：问题是，凡不合乎您结论的情况就是偶然的，而合乎您结论的情况就是必然的，关于偶然和必然您又是怎么区分的呢？

与对话中的老师观点"读书改变命运"类似，当前社会上流行着五花八门的"成功学"。这些"成功学"内容各异，有的说

"自信是成功的原因",有的说"人际关系"是成功法宝,有的建议"想成功就要多读成功者的传记"……这些"成功学"抓住人们渴望成功的心态,给人们指出一条貌似走向成功的金光大道。但是,这些"成功学"存在着同样的漏洞:哪一种做法是成功的必然原因?哪一种方法又是不成功的偶然因素呢?一个人如果相信了上述"成功学"并且身体力行却未对上述问题做任何思考的话,他距离成功可能反而越来越远。

第三种对终极原因困境的处理办法是概率,这与偶然性和必然性的处理方式相比,并没有实质区别,但多了一些量化的特点。这种处理的关键是以小概率事件说明偶然,以大概率事件说明必然。概率这种解释在数量上显得更精确,尽管这种处理方法仍无法有效解决终极原因困境,因为每件事情发生的原因组合都是独一无二的,独一无二的组合本身就是小概率的事件,为什么如此小概率的事件却会发生呢?例如:

学生:您说到一个人的家庭环境和受教育程度是他成功的原因,但从中国历史来看,你的观点在明朝开国皇帝朱元璋身上却完全得不到验证。朱元璋既没有好的家庭出身,也没有受过多少教育,但他却能从乞丐转变到皇帝。

教授:阅读历史要理解历史的必然进程中并不回避偶然,所谓偶然从概率角度上讲就是小概率事件。一位家庭出身好并且受良好教育的人更可能创立一番大事业,但像朱元璋那样的草根皇帝也并非没有可能,只不过是小概率事件。中国历史几千年,像朱元璋这样的情况也仅此一例。

学生：但问题是为什么这一例就会发生呢？

教授：尽管无法再塑造一位乞丐皇帝，但是从对朱元璋的研究中，我们可以确认朱元璋的人格特点、当时的经济状况、朱元璋的组织能力、他的人事管理才能等，这些原因都在他通往开国皇帝的道路上起到了重要作用。

学生：问题的关键还是为什么当时就能有这些条件的奇妙组合呢？很明显这些条件组合起来的概率也是非常小的。

教授：这个也许就是天命吧！？

为了解决终极原因困境，相当多的人最后都会不由自主像上述对话中的教授一样，采取第四种也是最后一种非逻辑的解决办法：天命、运气或者命运。这种解决方法之所以非逻辑是因为它既不能被证明也无法被证伪。

-------------------------------- **本 篇 小 结** --------------------------------

（1）现实世界因果关系是复杂的，对复杂因果关系的追寻导致"终极原因"；

（2）终极原因有横向的和纵向的两种形式。其中：

（Ⅰ）横向的终极原因是：B的原因是A1；但是A1成为B的原因需要A2；A2成为原因需要A3；A3成为原因需要A4，所以B的原因是A1、A2、A3、A4等事件的组合，但是上述这些事件为什么能在那个时间和地点就组合了呢？

（Ⅱ）纵向的终极原因：B的原因是A1；A1之所以发生是因为A2；A2之所以发生是因为A3；A3之所以发生是因为A4，作为逻辑起点，B的最初原因到底是什么？

（3）由于对一件事情发生的终极原因很难回答，这样就产生了终极原因困境，对此困境有以下几种处理方法：不承认这是问题而拒绝回答；以必然性和偶然性来回答；以概率来回答。这些回答都没有真正解决终极原因的困境，最后一种非逻辑处理方法是"运气"（或者类似的"天命""命运"等），这种方法是非逻辑的，因为它既不能被证明也无法被证伪。

21

靠右还是靠左行驶更好？

尽管我已经有 15 年驾龄，但第一次在新西兰开车时仍然非常紧张，因为在新西兰驾驶规则不同于上海：上海是"靠右行驶"，而新西兰必须"靠左行驶"。新西兰的车、司机座位相应地在车内的右边，这些情况几乎与在上海完全相反。于是，在新西兰初次开车上路，我手忙脚乱：打方向灯变成了开刮雨器；倒车时总是找不到档位；经常一不小心就开到了道路的右边……

大概新西兰交通管理部门也十分理解有很多像我这样的外国人，所以道路上经常有"keep left"（靠左）的标志不时给予提醒。好在我开了两天车也就习惯了靠左行驶，尽管习惯后免不了有些担心：会不会回到上海后，我还会"靠左行驶"？

听了我的故事后，有朋友问我，你说靠右和靠左行驶的规定，哪一种更好？这个问题有些歧义，如果更精确表达为"靠右和靠左行驶的规定哪一种更合乎人体生理特点"的话，它很难简单回答,需要考虑人体构造学、脑科学、生理学等相关专业的研究才能给出正确答案。如果仅对"哪一种更好"的简单提问回答,那么从我的驾驶习惯来说,"靠右行驶"当然更好。只是这样回答没有什么意义。因为对于规范判断,我们只能遵循,评价其好坏没有意义。

从逻辑上讲,对两种方案进行评价一般蕴含着"方案可以选择的"预设。所谓"预设"是指问题、判断中隐含的假设,该假设是问题、判断有意义的条件。例如:

主管汤姆怎么又迟到了?

这一问题之中隐含的预设有:某一位主管叫汤姆,他迟到并且不止一次地迟到。如果这些预设不成立,那么这个问题便没有意义。

一般而言,询问两种方案何者更好预设了回答问题的人对两种方案是可以选择的,例如,你认为早餐是英式早餐更好还是中式早餐更好?这一问题预设了"早餐有英式和中式可供选择",如果仅有一种早餐或者两种早餐都没有,那么询问这一问题就是在开玩笑。同样,新西兰的法律规定"靠左行驶",所有司机都必须"靠左行驶",没有其他选择,所以,询问"靠右行驶和靠左行驶哪一种更好"是没有意义的。

忽略命题、问题中的预设,会导致思维的僵化。例如前几天一位国学爱好者与我有以下对话:

国学爱好者:您觉得阅读中国古代经典名著是看原文好,还是看白话文好?

我：你说的是哪些中国古代经典名著？是《三国演义》《水浒传》一类的吗？

国学爱好者：不是。我想您经常讲逻辑，肯定读了像《四书》《五经》这一类的中国古代经典。我买了一本《黄帝内经》原文，繁体字慢慢读也就习惯了，关键是没有标点符号，断句比较累。但是，看白话文未必能真正抓住经典中的真谛。问您这个问题是向您请教，您是怎么阅读这些古代经典的？

我：你太高估我了……这些古代经典我一本也没有读过。

上面对话中的国学爱好者给我提出的问题中预设了我一定读过一些中国古代经典名著，并且读得很有效率，更深层次的预设就是存在有效阅读中国古代经典名著的方法。可惜，关于我的预设不成立，更深层次的预设未必成立，所以，我无法回答他的提问。

类似的因为预设不成立而无意义的问题还有：打坏人比打好人要好吗？对于不听话的孩子采用何种体罚方式最有效？上面两个问题隐含的预设是：打人是被允许的，可以体罚未成年人。由于现实生活中有明确的法律规定，即规范判断：不允许打人和不允许体罚未成年人，所以，对以上两个问题任何简单的回答都没有意义。

因此，在对问题有效回答以前，必须了解相应的规范判断。所谓规范判断（简称"规范"）是特定情况下给特定人群的要求、命令和规则。这种判断一般含有以下的规范词：必须、允许、禁止等，例如以下命题都是规范判断：

室内禁止吸烟；

允许穿越草地，但禁止在草地上逗留；

疫情期间，任何外省回沪人员必须居家隔离两周，不允许外出。

规范判断不同于事实判断。

事实判断可以通过与客观事实对照来验证其真假，例如："2021 年 3 月 8 日午后，上海市区人民广场附近下了冰雹"是真的吗？

如果在那一天的这个时间段，该地区实际的天气状况，确实下冰雹了，这句话就是真的，否则就是假的。

规范判断的真假不同于事实判断的真假，它有狭义和广义的区别。规范判断狭义的真假是指，规范判断是否存在？广义的真假则包括，规范判断是否被遵循。规范判断狭义的真假是广义真假的基础。例如，"上海市公共场所室内区域严禁吸烟"这句规范判断是真的吗？

狭义的含义是指，真的有这个规定吗？如果没有这个规定，这句规范判断就是假的，这时候就没有必要询问某人是否遵循了这个规定。如果有这个规定，狭义而言，这个规范判断是真的；但真的规定和规定真的被执行是两回事。例如：

在绿山市黄湖区，禁止燃放烟花爆竹这个规定是假的，因为，事实上并没有这项规定；而在绿山市蓝湖区，禁止燃放烟花爆竹这个规定尽管有，但是从来没有人遵守，在这个区，从事实层面来说，这个规定也是假的。

规范判断也不同于价值判断。

价值判断具有好、坏的区别，而规范判断如果是存在的（即狭义为真），那么一般情况下，就不讨论它的好或者坏。换句话说，只要存在规范判断，后续问题就是该判断是否被遵循，而不是该判断是好还是坏。现实生活中，总有一些"聪明人"将规范判断和价值判断混淆，当他违反规范而面临处罚时，总会以自己的行为没有害处（可能还有好处）为理由说明规范判断不合情理或者是坏的，以此辩解，希望摆脱处罚。如下面对话中的行人颇具有代表性：

警察：刚才是红灯，你的行为违反了交通法中"车辆、行人应按照交通信号通行"的规定，现在对你罚款 50 元。

行人：尽管我闯了红灯，但是刚才路上很空，没有机动车通过。我这样通行很安全，而且也没有影响其他车辆通行。道路空着也是空着，我这样闯红灯有利于道路资源的有效利用，而且我也节约时间。如果大家都这样做，我相信道路资源的利用会更充分，社会也会因为巨大的时间效率而进步。

警察：不管怎样说，因为你违反了交通法规，所以要对你罚款 50 元。

行人：我想制定并遵循交通法规制定的目的也是为了每个人的福利，我这样做对每个人的福利不仅没有损害，反而客观上提高了社会福利。我这样做事实上更有助于交通法规目的的实现，你不能罚我。

警察：我不关心交通法规的目的是什么，我只管交通法规是否被遵循，凡是违反交通法规的行为，都应当受到处罚，所以请你接受处罚。

　　行人：你怎么这么不讲道理呢？

　　上述对话中，行人证明他的行为是无害甚至有益的，但是这与他违反交通法规从而被处罚没有关系，也与交通法规的制定目的、交通法规的执行效益等完全无关。换句话说，在判别一个人是否遵循规范判断时，与规范判断的好坏无关的。

　　那么，是不是在任何情况下都不能讨论规范判断的好坏？当然不是，当涉及规范判断的制定、修改和废止时，讨论规范判断的好坏不仅有意义而且是必需的。例如，中国曾经规定，一对夫妻只允许生一个孩子，禁止违反法律规定生育二胎。当中国社会越来越老龄化，"不允许违法生育二胎"这一规范判断面临继续执行、修改、废止的选择时，讨论"不允许违法生育二胎"这一规范判断是好还是坏就十分有意义了，因为这时候，不再存在"禁止生育二胎"这一预设，人们可以对"生二胎"或者"不生二胎"进行自由选择了。

　　规范判断与因果判断也有区别。

　　尽管可以追本溯源寻找规范判断存在的原因，但是该原因与判断本身并无直接联系。例如，我国法律规定"禁止具有直系血亲和三代以内旁系血亲关系的两人结婚"（简称"禁止近亲结婚"）。这一规定是因为近亲结婚很容易造成后代具有遗传疾病。那么，两个具有近亲关系的人，通过基因检测技术能够杜绝遗传疾病，或者他们表示不生孩子，是否就可以结婚？不可以！因为，规范判断即使有其存在的原因，但是一旦它已经存在，就不再依赖于存在的原因。同样，一个人是否遵循规范判断也有原因，但原因的存在同样改变不了他遵循或者违反规范的事实。例如，税法规定，一个公民必须按照法律规定足额及时缴纳税款。在现实生活中，总存在一些偷税、逃税者，他们偷税、逃税具有各种理由，如"不清楚税法的具体规定"，或者"经营中遇到了困难，资金周转困难"，或者"收入本就不高，生活困难"等，不管这些理由多么合理，也改变不了他们违反了税法的规定这一事实。

正是因为规范判断和因果判断存在明显区别，所以，分析现实生活中人们"违规"的原因很有必要。现实生活中的道德和法律其实就是一系列规范判断，人们"违规"是指他们的行为违反了道德或者法律规范。在逻辑层面，对这些人"违规"原因进行分析，有助于我们更深入理解道德和法律，从而提升全社会的道德和法律遵从度。那么，人们"违规"的原因有哪些呢？

一种原因是人们不知道相应的规范，或者人们即使知道规范，但由于规范本身存在逻辑问题，人们无法遵循相应的或者所有的规范，不得不违规，这种原因可以统称为"逻辑原因"。另一种原因是人们知道相应的规则能够遵循却有意不遵循，这种原因可以统称为"非逻辑原因"。

人们"违规"最常见的逻辑原因是人们不知道规范，因此没有遵循它。从逻辑上讲，"存在规范判断"和"人们知道存在规范判断"是有区别的，即规范判断是存在的，但人们不知道规范判断存在，所以没有遵循规范判断。换句话说，人们之所以违规，不是知道规范而有意违规，是由于某种原因不知道规则而无意违规。那么，又有哪些原因使人们不知道规范而无意违规呢？

一是因为时间或者空间的变化导致规范发生变化，于是造成人们不知道规范而违规。例如：

住在农村的人享有的土地空间相对较大，对应环境保护的规范与城市具有很大的不同。于是，才进入城市的农村居民可能会随手将一些果皮、果核等垃圾扔在城市绿地中；他们会奇怪城市中的绿地种草而不是重小麦；更奇怪城市居民养狗的一些做法，如城市人将狗的粪便用塑料袋收集起来，"在我们那里，狗就随便在地里跑，狗屎就是肥料"。中国的城市化进程速度几乎是西方国家的十倍，快速的城市化带来的麻烦之一便是规范判断的冲突。这种规范判断的冲突不仅仅存在于城乡之间，中国的东西部之间、南北方之间的生活习惯差异也会经常造成规范的明显不同。

二是由于某些规范判断的隐蔽性。法律中的规范判断是明文规定的，但是道德中的规范判断则是一种生活经验的积累。所以，有些规范判断是"明规则"，而有些规范判断则是"约定俗成"。历史学家吴思先生就告诉我们，规范社会生活，使之有序的不仅仅靠明规则，更多的是靠"约定俗成"。但是"约定俗成"却无法明说，具有隐蔽性，如果一个人不明白"约定俗成"，就会造成无意违规的情况。

另一种人们违反规范的逻辑原因是"规范本身就存在逻辑漏洞"。

规范判断存在逻辑漏洞的一种表现形式是规范判断中涉及的概念含义模糊，这使得人们难以遵循规范。例如，最简单的规范

"必须说真话"中的"真话"就是一个含义模糊的概念，人们很难做到说真话，或者很难证明人们说了真话。再比如，"必须孝顺父母"中的"孝顺"含义模糊，很难定义哪些行为属于"孝顺"，哪些行为属于"不孝顺"。正是由于规范中存在一些含义模糊的概念，这使得人们的行为很难做到完全符合这些规范。

规范存在漏洞另一种表现是各个规范彼此之间存在的矛盾和冲突，这使得人们无法遵循所有的规范。这种漏洞不同于前一种漏洞，规范中的概念模糊仅存在于某一个具体的规范中，使该规范难以让人遵循。各个规范彼此之间的矛盾和冲突不是某一个规范的问题，而是多个规范彼此之间的关系问题。尽管每一个规范都没有漏洞，但是当把若干个规范放在一起时，就会发现这些规范是相互矛盾的，人们无法都遵循，这种漏洞大多存在于道德之中。

人们知道规范，并且规范也能遵守，但人们却有意违反规范，这是违反规范的非逻辑原因造成的，它包括以下两方面的内容。

一方面是由于这些人认为某些规范的内容不公平，因此他们尽管知道但是不认可这些规范，从而在行为上不遵循这些规范。例如，在等级社会中，官阶越高的人收入越高，同时税法规定官阶越高的人纳税率却越低；相反，越是底层居民收入越低，纳税率却越高。在这样的社会中，"必须依法纳税"这一规范就很难被底层居民所遵循。由于人们认为规范不公平导致他们不认可从而不遵守相应的规范，这是人们违反规范的非逻辑原因之一。

另一方面则是利益。不遵循相关规范的人知道并且认可上述规范，也认为这些规范是公平的，但他们可以从违反这些规范中

获得利益，这使他们不遵循相应的规范。例如，即使窃贼也认可
"禁止偷盗"这一规范[1]，但是他们却从偷盗中获得好处，所以窃
贼尽管知道不应该偷盗但仍然会去盗窃。

　　基于非逻辑原因违反规范是一个人不诚信的表现。本书对
"诚信"赋予逻辑层面的含义：诚信指一个人遵循了他知道并且应
当遵循的规范，一个人不诚信则是指他没有遵循他知道并且应当
遵循的规范。注意，这里用到的词是"知道"而不是"认可"。一
个人只要知道某个规范存在并且应当遵循，那么他就要遵循它。
不管他是否认可这一规范判断，也不管他有什么原因，或者不遵
循此规范会带来什么后果，无论后果是收益还是损失，只要这个
人不遵循他所知道并且能够遵循的规范判断，他就是不诚信的。
例如，甲向乙借了 10 000 元，答应一个月以后归还乙 10 000 元本
金和 1 000 元利息。"甲必须一个月以后归还乙 11 000 元"是甲所
知道并且能够遵循的一个规范判断，一个月以后，甲做到了这一
点，甲就是诚信的；甲没有做到这一点，不管甲未做到这一点的
原因是什么，也不管甲未做到这一点的后果如何，以及最终甲因
此获得多少收益还是受到多少损失，甲都是不诚信的[2]。

　　理解人们不遵循规范判断的逻辑和非逻辑原因有助于我们清

---

[1] 本书作者认可"禁止偷盗"这一规范判断。同时，考虑中西方传统文化都具有
　　类似的"反对偷窃"的规范，便以此推测即使窃贼也认可这一规范判断。本书
　　不涉及伦理学，对这一规范更深入的伦理学意义并不深入讨论。
[2] 逻辑意义的"不诚信"与现实生活在法律或者道德上的含义存在区别，现实生
　　活能会涉及更复杂的情况，例如甲确实有不能还钱的理由，并且事先与乙沟
　　通，取得乙的谅解后，对债务进行展期，这时候甲不被认为不诚信。

醒地认识到，面对社会规范，"知易行难"比"知难行易"更普遍，一个人满嘴仁义道德未必就是正人君子。为了更好地使人们知道并认可社会规范，现实生活中不仅仅需要道德，更要有明确的法律，法律既要公平同时要保持稳定，不能朝令夕改，否则人们便会无所适从。另外，人们处于不同时间和空间，难免会在很多规范及其认识上存在不同，理解这种不同，并且避免与具有不同规范认识的人做无谓的争议，是非常理性的态度。

最后，回到最初的话题，到底"靠右还是靠左行驶更好呢"？回答这个问题，首先明确，交通法规是如何规定的呢？由于在新西兰，交通法规是"必须靠左行驶"，所以，任何人在新西兰只能"靠左行驶"，当然"靠左行驶"是更好的！

-------------------------------- **本 篇 小 结** --------------------------------

（1）规范判断是特定情况下给特定人群的行为提出要求、命令和规则的判断，它不同于事实判断，其真、假有狭义的和广义的两种含义，狭义的是指规范判断是否存在，广义的是它是否被遵循。

（2）规范判断不同于价值判断，人们遵循、不遵循规范判断与遵循规范判断得好、坏结果无关，只有在制定、修改和废止规范判断时，讨论规范判断得好、坏结果才有意义。

（3）规范判断不同于因果判断，人们不遵循规范的原因改变不了人们不遵循规范判断的事实。

（4）人们不遵循规范判断的原因有两种：逻辑原因和非逻辑原因。逻辑原因包括人们因为时间、空间的不同以及规范判断的隐蔽性而不知道规范判断，所以没有遵循；单一规范判断概念上的模糊性和规范判断彼此之间相互矛盾使人们无法遵循一个或者同时遵循所有规范判断。非逻辑原因包括人们不认可规范判断而不遵循，或者认可规范判断但是出于某种利益需要而不遵循。

（5）基于非逻辑原因的违规是一个人不诚信的表现。"诚信"的逻辑含义是指一个人遵循了他所知道并且能够遵循的规范判断，而一个人不诚信则是指他没有遵循他所知道并且能够遵循的规范判断。

22

不要陷在"无限真理"中不可自拔

尽管任何事实判断都或为真，或为假，但是有些事实判断却可以永远为真，这就是"无限真理"。这种真理听起来很有"道理"甚至让人倍感"深奥"，但是从逻辑角度而言却没有意义。"无限真理"在不特定长的时间条件下或者不特定广的空间范围中，总可以证明为真，例如：

购买黄金进行投资总是有收益的；

正义最终能在人类社会实现；

公平也许会迟到，但一定会到来；

供需平衡不是短期可以观察出来的，但是长期来看，供需一定是平衡的；

股票与一切商品价格相同，从长期来看必然反映其内在价值；

这个世界上，一定会有最适合你的人；

最高明的骗子可以在某些时刻欺骗所有人，也可以在所有时刻欺骗某些人，但是不可能在所有时刻欺骗所有人；

……

以上命题有一个共同特点：在不特定长的时间或者不特定广的空间条件下，它们都是真的，可以说是颠扑不破的"真理"。这一点赌场老板完全了解：

一个赌徒在赌场中必然能赢钱。证明如下：一个简单的赌博，猜大小，猜对者赢取赌注，猜错了输去赌注。赌徒第一次下注1块钱，如果猜对，赌徒赢1块钱，赌博结束，赌徒获胜；如果输了，赌徒第二次就下双倍赌注，为2块钱，如果猜对，赌徒赢2块钱，赌博结束，减去第一次输的1块钱，赌徒获胜；如果输了，赌徒再次翻倍下注，为4块钱，如果猜对，赌博结束，赌徒赢4块钱，减去第一次和第二次输的3块钱，赌徒获胜；如果输了，赌徒就继续翻倍下注……只要赌徒的钱无穷多，赌徒最终肯定获胜。以上证明过程完全正确，只要赌徒有足够的钱，他最终能赢钱。所以，为了避免有这样的赌徒，所有的赌场都规定，每次下注的金额是有上限的。

在现实生活中，对命题真、假的确定并没有类似于赌场中下注金额上限的规定，所以，只要时间足够长，你"购买黄金进行投资总会有收益的"；只要你去的地方足够的多，"天下就总有一个人最适合你"。问题的关键在于，时间到底要多久、去的地方到底要多广呢？所以，从逻辑角度而言，一个命题如果在不确定长的时间或者不确定广的空间中是真的，那么这个"命题"确实是颠扑不破的"真理"，但这种"真理"却毫无意义。哲学家波普尔提出"科学和伪科学的界限在于可证伪性"说的正是这个意思。根据波普尔的理论，相当多的"投资学"和"成功学"都是伪科学，例如：

甲：C公司的基本面和财务状况是健康的，尽管有一些波动，但是这不改变C公司股票是优质股票的基本特点，因此投资C公司是有利可图的。

乙：您的观点与目前C公司的股价表现有冲突，C公司股价一直下跌，大家都认为这个公司不值得投资。

甲：是的，C公司股票价格两年多来一直下跌，这是事实。但是你应当知道，尽管股价与价值有关系，但却不是一一对应的关系。所以，我仍然相信，C公司的股价迟早会反映该公司的价值，它肯定会涨的。

乙：那么什么时候会涨呢？

甲：迟早会涨，不确定哪一天，但是总归会涨。

甲的观点"C公司股票价格迟早会涨"，但是什么时候会涨呢？不知道。时间只要足够长，或者说在不确定长的时间里，只要C公司的股票在交易着，总归会涨。在一些"投资学理论"中，类似于甲的这种观点很普遍，这些投资理论都不能证明为假，相信这些投资理论的人都在一种前途未卜的状态中等待着某一时刻理论被证明：只要不确定的某一天我所投资的股票涨了，就证明我的投资完全正确！当然，上述对话中甲的观点还不完全是波普尔所说的"伪科学"，因为它在下面情况下可以被证明是假的，即某一天C公司破产了，股票价格彻底归零，这时候甲的观点便是假的了。

除了投资理论，目前社会上流行的"成功学"也是这种无意义的无限真理，因为这些"成功学"中的几乎所有的观点都无法证伪，例如：

甲：读书改变命运，最好的投资是读书，最好的自我提升是读书。俗语"书中自有黄金屋"说的正是这一点。

乙：但是有人读了很多书，却不见得有多少成功。

甲：你不能用少数人的情况来否认我所说的话，更何况，有可能这些人之所以没有成功，就是因为他们读的书不够多，我相信，书只要读的足够多，就一定能成功。

乙：但是也有一些人，他们没读过什么书，甚至不识字，也很成功呀？

甲：这种情况确实存在，但是这些成功者如果能再读一些书，他们会获得更大的业绩，成就更大的事业，而不仅仅是目前这种结果。

上面对话中甲的观点就属于不能证伪的"无限真理"：读足够多书就能成功，没有成功的就是读书还不足够多，已经成功的人如果读更多的书会更成功。从逻辑上讲，完全无法证明甲说的是假话，他的话没有意义。

无限真理还表现在空间上，只要空间足够广，命题也可以永远为真。例如：

甲：这个世界每个人的姻缘都是注定的，总有一个最适合你的人。

乙：我不相信这句话，我和我的朋友没一个找到合适的人，有些人至今还没有结婚。那些已经结婚的人，也不觉得多合适，凑合着过而已。

甲：你们都没有认真找，或者太着急，或者太消极。你听过苏格拉底与麦穗的故事吗？不要希望找到最大的麦穗，而要寻找最合适的麦穗。

乙：我找了很久，都不合适。

甲：中国这么大，世界这么大。要相信这句话，努力去找，不放弃，肯定会有最适合你的另一半！

上面对话中的甲充满了乐观，只要在更广范围里寻找，总有最合适的伴侣；没有找到合适的伴侣，那是因为寻找的范围没有足够广。类似的乐观存在于很多人身上：总有最匹配的岗位等着我，只要我努力寻找；总有最适合的专业在某处，只要我做出更多的尝试……无限真理在空间上最著名的观点表现在"寻找外星人"上。我与"寻找外星人的爱好者"有过多次以下类似的对话：

寻找外星人爱好者：你说有外星人吧？

我：不知道，目前尚未发现有外星人，但我不能确定是否有外星人。

寻找外星人爱好者：你的意思是没有外星人了？

我：不是的。我的意思是我不知道有没有外星人。

寻找外星人爱好者：一定有外星人。你想宇宙这么大，与太阳类似的恒星这么多，因此与地球类似的行星可以说无穷多。这样，某颗与地球类似的行星上住着与人相似的高等生物是肯定的。

我：这个我不确定。但我认为，"一定有外星人"这句话没有意义。因为，我说没有，你总是会说，宇宙那么大，你怎么知道没有；我说有，你又会说，宇宙那么大，你怎么知道有。由于这个命题涉及不确定的空间，所以，我认为它没有意义。

寻找外星人爱好者：怎么能说没有意义呢？一代人的认识时间、空间是有限的，但是人类世世代代的认识无论在时间和空间上不就无限了吗？

我："人类世世代代的认识"又涉及无限的时间和空间，我认为这个概念在逻辑上同样也是无意义的。

有时候，为了使"无限真理"在逻辑上更有说服力，会引入平均数，这种做法在经济学中尤为常见。例如，经济学上讲，一件商品的价格决定于其内在价值，但是商品的价格却不等于其价值，而是围绕其价值上下波动。因此，"价格恰好等于价值"是特例，"价格不等于价值"变成了常态。这种类似"平均数"的处理方式被用于一些无限真理对现实的解释：

（1）在时间上平均：如"好人总归有好报"。你是好人却一直没有好报，但只要时间足够长，好报总会来的，最终获得的报答与付出相比，总能做到"收支相抵"的。

（2）在空间上平均：如"读书总会有收获"。现在看不出收获不等于没有收获，将所有读书人的收获平均一下，你会发现，你收获的也许少点，但是其他读书人收获的很多，所以，所有读书人的平均收获一定超过所有不读书的人。

这种以不特定的时间、空间为条件，同时结合"平均数"的无限真理曾经被经济学家凯恩斯批评过。传统经济学认为经济危机是生产相对过剩的危机，生产规模扩大超出了人们的需求，于是产品相对过剩，市场开始消灭过剩的产能，经济危机状态下，几乎所有商品都因过剩而卖不出去，这导致企业倒闭、劳动力失业等，全社会处于困境之中。传统经济学认为，这一困境是正常的，最终会随着人们的需求与生产相匹配而结束，所以经济危机这一过程尽管痛苦，但总会过去，社会最终回归正常。那么，经济危机最终结束的时间需要多久呢？长期！传统经济学有"短期波动，但长期均衡"的说法。但长期又是多长呢？不知道，传统经济学家有的说1年，有的说3年，还有的说10年，凯恩斯的说法是"在长期，我们都死了！"

除了不确定的时间和空间，"无限真理"还有一种常见表述形式是"设定不确定的假言条件"。"假言条件"表示一种依存关系，包括充分、必要和充要条件。当充分条件发生时，结果就会发生；当必要条件不发生时，结果就不会发生；而充要条件与结果的发生是共生共灭的。例如：

如果明天下雨，那么明晚的董事局例会将推迟到下周一同一时间召开。

这句命题所表达的涵义是确定的，明天下雨了，就会有董事局例会推迟召开的结果。但是当给出的假言条件模糊不清时，所表达的观点便成为"无限真理"了。例如：

如果公司的基本情况合乎要求，那么公司自然就会向股东分红；

只有在公司满足可持续发展的前提下，公司才会向股东分红；

只有全体国民达成一致的反对意见，首相才会主动辞职。

上面这些命题表面上看并没有什么问题，但若进一步思考"公司的基本情况合乎要求""公司满足可持续发展的前提""全体国民达成一致的反对意见"这三个条件具体是什么涵义时，就能理解以上三句假言判断事实上都属于"无限真理"，因为"模糊的假言条件"使这三句假言命题几乎在任何情况下都不能证明是假的。

理解"无限真理"在逻辑上无意义对我们有以下用处。

我们在遇到问题时，要寻找有效的解决问题的方法而不是仅仅自我安慰或者慰藉他人心灵的"鸡汤"。这需要我们首先找出问题的原因，在此基础上找到解决问题有效的方案。任何忽略问题本身，仅仅提供原则性"真理"或者"建议"的做法除了给受困者心理上的安慰，同时也遏制了他的理性和智慧。例如：

慢慢来，将来总会有机会。

不要着急，机会没到。我相信，机会来了，你就会成功。

孩子还小，长大了就懂事了。

现在不想学习也不要紧，什么时候想学习了再学也不迟。

在合适的时候，官员财产公开制度一定会实行。

大同世界一定会在人类世界实现。

缺乏理性思维的人往往忽略问题本身而沉迷于毫无意义的"无限真理"，这些人不关心具体的现实问题还自以为情怀高远。

尽管"无限真理"充满了"正能量"，给了生活在现实逆境中的人们以乐观的心理抚慰，但是，人们在获得心理抚慰的同时，一旦沉迷其中，便会丧失解决实际问题的能力。

------------------------------ **本 篇 小 结** ------------------------------

（1）"无限真理"是在不确定的时间或者空间下总可以证明为真的命题。

（2）由于"无限真理"依赖于不确定的时间或者空间，所以，尽管"无限真理"是真的，却没有意义；没有意义的命题所构成的理论被波普尔称为"伪科学"；相当多的投资学、成功学等理论都是波普尔意义上的"伪科学"。

（3）"无限真理"将与其对立的客观事实视为特例，将与其一致的客观事实视为常态；在某些情况下，无限真理在逻辑上也会采取"平均数"这种方式对社会现实给予解释。

（4）无限真理也可以采取"设定不确定假言条件"这一表述形式，由于假言条件是模糊的，所以具有模糊假言条件的命题永远为真，也是无限真理。

（5）充满"正能量"的无限真理作为一种"心灵鸡汤"可以给人心理安慰，但由于它们逻辑上无意义，因此不能解决实际问题。